El arte de conocerse a sí mismo

Arthur Schopenhauer

El arte de conocerse a sí mismo

Edición, introducción y notas
de Franco Volpi

Título original: *Die Kunst, sich selbst zu erkennen*
Traducción de Fabio Morales

Primera edición: 2007
Segunda edición: 2012
Decimoprimera reimpresión: 2024

Diseño de colección: Estrada Design
Diseño de cubierta: Manuel Estrada

Reservados todos los derechos. El contenido de esta obra está protegido por la Ley, que establece penas de prisión y/o multas, además de las correspondientes indemnizaciones por daños y perjuicios, para quienes reprodujeren, plagiaren, distribuyeren o comunicaren públicamente, en todo o en parte, una obra literaria, artística o científica, o su transformación, interpretación o ejecución artística fijada en cualquier tipo de soporte o comunicada a través de cualquier medio, sin la preceptiva autorización.

© Verlag C. H. Beck oHG, München, 2006
© de la traducción: Fabio Morales, 2007
© Alianza Editorial, S. A., Madrid, 2007, 2024
   Calle Valentín Beato, 21
   28037 Madrid
   www.alianzaeditorial.es

ISBN: 978-84-206-6573-3
Depósito legal: M. 47.222-2011
Composición: Grupo Anaya
Printed in Spain

Si quiere recibir información periódica sobre las novedades de Alianza Editorial, envíe un correo electrónico a la dirección: alianzaeditorial@anaya.es

Índice

- 9   Introducción por Franco Volpi
- 31   El arte de conocerse a sí mismo o *Eis heautón*
- 101   Máximas y pasajes predilectos
- 123   Notas
- 129   Fuentes
- 131   Ediciones de Schopenhauer utilizadas

Introducción
Por Franco Volpi

1. ¡Conócete a ti mismo!

El conocimiento de sí mismo es el primer paso hacia la sabiduría. «¡Conócete a ti mismo!», *gnóthi seautón, nosce te ipsum:* Esta exhortación de vieja data es atribuida, como guía para la felicidad, a uno de los siete sabios, y ha sido transmitida desde entonces una y otra vez, de manera casi ininterrumpida, cual quintaesencia de la filosofía práctica. Las fuentes más antiguas la mencionan como una máxima de iniciación para la autorrealización y apuntan a su pretendido origen divino. Estaba grabada como inscripción en el templo de Apolo en Delfos, es decir, en el «ombligo del mundo», el sitio donde se habría cruzado el vuelo de dos águilas que, liberadas por Zeus desde los extremos del cosmos, se dirigían al centro de la superficie de la tierra. Su significado es incierto hasta el día de hoy: se debate sobre si se refería al culto y se limitaba a afirmar que quien quisiera consultar el oráculo debía primero tener muy en claro lo que quería, para así poder plantear la pregunta correcta; o si, más bien, tenía un sentido sacro y religioso de orden más general, como, por ejemplo, que quien se decidiera a ingresar en el templo debía ser consciente de que no era un ser divino, sino puramente mortal.

«Conócete a ti mismo» es, al mismo tiempo, la piedra angular de la filosofía, es decir, del «amor a la sabiduría». Es la primera regla de vida que ésta se propuso enseñar. «A todos los hombres les ha sido impuesto el conocerse a sí mismos», recalca ya Heráclito (Fragmento 116). Pero es sobre todo Sócrates quien convierte al arte de conocerse a sí mismo en eje del conjunto del conocimiento filosófico. Platón nos lo presenta en sus diálogos –en la *Apología* y, sobre todo, en el *Alcibíades I*– como maestro de autoconocimiento. A un Alcibíades que apenas ha alcanzado la edad adulta, dispuesto a entrar en la lucha por el liderazgo, Sócrates le advierte que debe –antes que ocuparse de una Polis que reservaba sus mejores energías para la contienda con el todopoderoso rey de Persia– aprender primero a cuidar de su persona. Y ello quiere decir: a conocerse a sí mismo.

El motivo del autoconocimiento se extiende a lo largo de la filosofía antigua y se despliega en la literatura helenística del «cuidado de sí» *(epiméleia heautoû)*, que alcanza su auge en autores como Cicerón, Séneca, Epicteto o Marco Aurelio. Ya no se vincula el autoconocimiento a una misión política, ni está restringido a una edad específica, como el tránsito de la juventud a la madurez; tampoco es concebido únicamente como conocimiento teórico de sí mismo, mera contemplación del yo. Se convierte cada vez más en un cuidado integral de sí extensible a toda la vida, e involucra una serie de ejercicios, prácticas y obligaciones diarias cuya finalidad es imprimirle un sello a la existencia, de la misma manera que se modela una obra de arte, es decir, proporcionándole una forma lo más bella y perfecta posible. El autoconocimiento y el cuidado de sí representan, pues, los precedentes de una estética de la existencia.

La tradición del autoconocimiento[1], incorporada luego al cristianismo y a la literatura religiosa de la interioridad, perdura hasta la modernidad, cuando es asumida y adquiere un nuevo impulso, especialmente por parte de los grandes moralistas europeos como Montaigne, Pascal, La Rochefoucault o Baltasar Gracián. Su importancia nos la atestigua también la aparición de motivos iconográficos que se hacen eco de ella y le dan expresión plástica. No en balde se representa a la sabiduría práctica como figura femenina que sostiene en su mano un instrumento, entonces muy valioso, que permite contemplarse y conocerse a sí mismo: el espejo. Es el caso, por ejemplo, del trabajo clásico de Cesare Ripa, *Iconologia* (cuya segunda edición, ilustrada, data de 1603). En la leyenda de

---

1. Cf. Pierre Courcelle, *Connais-toi toi-même. De Socrate à Saint Bernard*, 3 vols., París: Études augustinennes, 1974-1975.

la litografía, que representa a la prudencia (representada en la página siguiente), Ripa alude a la importancia del espejo: para actuar correctamente, el sabio debe conocerse a sí mismo, es decir, conocer su carácter y sus errores. Esto es lo que Sócrates habría tenido en mente, según la explicación de Ripa, cuando «exhortó a sus discípulos a mirarse cada mañana en el espejo para conocerse a sí mismos».

El motivo del espejo refleja también el reverso del conocimiento de sí, pues la autocontemplación puede tener efectos funestos. Ése fue el gran error de Narciso. Quien, prendado de su propia belleza, se inclina vanidosamente sobre su reflejo, sólo se ve a sí mismo y no logra establecer contacto con la realidad. Conocerse únicamente a sí mismo significa hacerse rehén de la imagen propia. Así se explica que Goethe considere engañoso el epígrafe de Delfos y ponga en duda su origen divino:

Erkenne dich! – Was soll das heißen?
Es heißt: sei nur! und sei auch nicht!
Es ist eben ein Spruch der lieben Weisen,
Der sich in Kürze widerspricht.
Erkenne dich! Was hab' ich da für Lohn?
Erkenne ich mich, so muß ich gleich davon.
Als wenn ich auf den Maskenball käme
Und gleich die Larve vom Angesicht nähme[2].

---

2. Johann Wolfgang von Goethe, *Sprüche,* en: *Werke. Hamburger Ausgabe in 14 Bänden,* Múnich: Beck, 1981, vol. I/1, p. 308.

[¡Conócete a ti mismo! ¿Qué quiere decir eso?
Significa ¡sé tú mismo!, o acaso ¡no lo seas!
No es más que un lema de los buenos sabios,
contradictorio en su brevedad.
¡Conócete a ti mismo! ¿Qué saco yo con eso?
Si logro conocerme, al punto debo irme.
Es como si, no bien llegado a un baile de disfraces,
me quitara en seguida el antifaz.]

2. El desaparecido «cuaderno secreto» de Schopenhauer

Como auténtico filósofo que es, Schopenhauer hace suyo el motivo del autoconocimiento. Su dominio de la gran filosofía que va desde Platón hasta Kant, su familiaridad con la literatura de la Antigüedad clásica, especialmente con los autores del «cuidado de sí» como Séneca, Epicteto y Marco Aurelio, y su lectura diaria de los textos de los moralistas modernos, desde Montaigne hasta Baltasar Gracián, hacen muy natural su afinidad por el tema. Mejor dicho: no se limita a tratar el autoconocimiento como objeto abstracto de especulación teórica, sino que, poniéndolo en práctica, se lo toma en serio como regla de la filosofía. Como da a entender la primera frase del presente librito: «Desear tan poco y conocer tanto como sea posible ha sido la máxima principal que ha guiado mi existencia»[3]. Pues la filosofía no es para él una mera elaboración de teorías y estructuras de pensamiento, sino asimismo la adopción de decisiones vitales y de una determinada concepción de la vida.

Bajo el título de *Eis heautón,* que probablemente escogiera basándose en la analogía de las *Meditaciones sobre sí mismo* de Marco Aurelio (en griego: *Tà eis heautón),* Schopenhauer acumuló a lo largo de los años pensamientos, meditaciones e ideas fragmentarias que irían dando lugar a un «cuaderno secreto» personal, perdido tras su muerte, y reconstruido aquí según una versión presunta. Lo comenzó en 1821 y siguió escribiéndolo a lo largo de las dos décadas siguientes. El cuaderno abarcaba en su conjunto una treintena de páginas y era particularmente caro al Maestro del Pesimismo, pues constituía una especie de Suma de experiencias vitales sobre su persona, su propio *Journal Intime,* compuesto de observaciones autobiográficas, recuerdos, reflexiones, indicaciones pragmáticas, reglas de comportamiento, máximas, citas y refranes. Al mismo tiempo, servía como una especie de bosquejo para un arte del conocimiento de sí, un *vademécum* para la orientación personal, de esos que uno puede llevar consigo en la vida al igual que un médico de cabecera carga con su maletín de instrumentos.

---

3. Cf. *infra,* p. 33.

No en balde Schopenhauer empezó a hacer anotaciones en su cuaderno en una época de grandes conflictos que pusieron a prueba su carácter. Tras la publicación de *El mundo como voluntad y representación* (1819), había adquirido consciencia de su vocación para la filosofía, un campo en el que no se sentía inferior a nadie; incluso se creía predestinado a cumplir una misión a favor de la humanidad. Pero esta convicción no obtuvo el menor reconocimiento por parte del gremio filosófico. De hecho, su obra fue totalmente ignorada y, en último término, asfixiada en sus orígenes por la confrontación con Hegel, la estrella más rutilante del firmamento filosófico de la época. A ello se sumaron obstáculos y contratiempos de toda índole: el rompimiento doloroso con la madre, problemas financieros causados por la bancarrota de las instituciones financieras que administraban la herencia de su padre, dificultades insuperables y roces continuos en el trato con los demás, una nunca superada desconfianza hacia el otro género y, para colmo, una serie de *alimenta misantropiae* adicionales que justificaban y agudizaban su visión pesimista de la vida. Sin embargo, este pesimismo no era simple fruto de una actitud amargada, de la debilidad o de la resignación, sino resultado coherente de la clarividencia, la desilusión y el sentimiento trágico de la vida. Por ello, se podría afirmar que un pesimista auténtico como Schopenhauer equivale a un optimista esclarecido.

De ahí que Schopenhauer no se comportara ni como un estoico fatalista ni como un erudito absorto en sus ideas, sino como un desenvuelto hombre de mundo, capaz de reaccionar ante los desafíos existenciales utilizando todos los mecanismos, socorros y estratagemas que le brindaban su inteligencia y habilidad para adaptarse al mundo. He ahí la fuente de su convicción de que la filosofía no es únicamente conocimiento teórico del ser, sino también filosofía de la vida práctica.

Así lo manifestó en una serie de opúsculos que concibiera para su uso personal y que nunca dio a la prensa. Si los examinamos de cerca, constataremos que no se puede seguir subestimando su importancia para la obra póstuma o su intrínseca significación filosófica. Deberían más bien conducir a una revisión de la imagen tradicional de su pensamiento, imagen basada casi exclusivamente en su obra publicada en vida. Textos como la *Eudaimonología*, el *Bosquejo de un tratado sobre el honor* y la *Dialéctica erística*, surgidos en los decisivos años berlineses, han de ser evaluados desde esta perspectiva[4]. El *Eis heautón* se inserta en ese mismo marco herme-

---

4. Los he editado bajo los siguientes títulos: *Die Kunst, glücklich zu sein*, Múnich: Beck, 1999; *Die Kunst, sich Respect zu verschaffen*, Múnich: Beck (en preparación); *Die Kunst, Recht zu behalten*, Fráncfort del Meno: Insel, 1995; [*El arte de tener razón*, Madrid: Alianza Editorial, 2002 (2006)].

néutico y constituye hasta cierto punto la quintaesencia de esa peculiar forma de entender el conocimiento filosófico.

3. Averiguaciones y sospechas

Schopenhauer no le había ocultado a amigos y seguidores la existencia de ese *vademécum* personal tan atesorado. A sus discípulos más allegados les había dicho que debía ser publicado, si acaso, sólo tras su muerte; así se lo confió, por ejemplo, a Ernst Otto Lindner, quien fuera el primero en informar al respecto y lamentar la desaparición del manuscrito[5]. Otros testigos corroboraron su versión[6]. Pero los intentos de recuperar el manuscrito, emprendidos poco después de la muerte de Schopenhauer (el 21 de septiembre de 1860), y luego con ocasión de la apertura de su legado (el 6 de abril de 1861), resultaron totalmente infructuosos. En especial Adam von Doss se dio a la tarea de buscarlo varias veces con la asistencia del albacea del legado, Wilhelm Gwinner. Otro tanto hizo Julius Frauenstädt, quien, por estarle encomendada la edición de los manuscritos fi-

---

5. Lindner/Frauenstädt, *Arthur Schopenhauer. Von ihm. Über ihn,* Berlín: Hayn, 1863, pp. 5-6. Para los datos bibliográficos de las ediciones de Schopenhauer utilizadas, véase la lista de las páginas 130-131 de este libro.
6. Cf. Schopenhauer, *Gespräche*, Nr. 118 (Johann August Becker), 119 (del mismo), 275 (Adam Ludwig von Doß), 276 (del mismo), 306 (Ernst Otto Lindner), 351 (Robert von Hornstein).

losóficos, había encontrado en ellos numerosas alusiones al misterioso cuaderno.

Gwinner dio a entender lo siguiente:

> El *Eis heautón* no era manuscrito científico alguno; en él se refería Schopenhauer únicamente a asuntos personales, a sus relaciones privadas con algunas personas, entremezclando todo ello con reglas de prudencia y pasajes favoritos como los que solía guardar en forma de anotaciones en todas sus carteras y que, en la medida en que lo consideraba oportuno, incorporaba luego en los *Parerga*. Se trataba de un cuaderno de unas treinta páginas sueltas, de las que en ocasiones me había leído algunos pasajes, y que, de acuerdo a mis noticias [de Gwinner], fue destruido tras su muerte[7].

Frauenstädt estaba altamente insatisfecho con esta respuesta, sobre todo porque había albergado la esperanza de poder utilizar el material inédito para la nueva edición póstuma de *Parerga y Paralipomena* que estaba preparando. Y el descontento inicial se transformó en irritación cuando, poco después, Gwinner dio a la prensa una biografía del filósofo, titulada *Arthur Schopenhauer aus persönlichem Umgange dargestellt [Arthur Schopenhauer, retratado de cerca]* (1862), en la que evidentemente se incluían pasajes demasiado impregnados del estilo

---

7. Lindner/Frauenstädt, *Arthur Schopenhauer. Von ihm. Über ihn,* p. 6.

literario característico de Schopenhauer como para provenir de la pluma de Gwinner. Bajo cuerda se intensificó la sospecha de que éste, antes de dar a las llamas el cuaderno que custodiaba, lo había escudriñado exhaustivamente para ornar con él su narración de la vida de Schopenhauer.

A los discípulos más fieles del maestro el comportamiento de Gwinner les pareció tanto más impropio cuanto que éste insistía en que él mismo no era schopenhaueriano, pues, en línea con una concepción cristiana inspirada en Jacob Böhme y Franz von Baader, se había distanciado de la metafísica del pesimismo. Exactamente el año en que murió Schopenhauer, Gwinner había publicado bajo el seudónimo de Natalis Victor una novela con el título de *Diana und Endymion,* en la que ponía de manifiesto la nueva evolución de sus ideas.

4. *Gwinner en apuros*

¿Qué hizo, pues, Frauenstädt? Trató de reunir entre los discípulos de Schopenhauer a personas que pensaban como él, para con su ayuda atacar a Gwinner y obligarlo o bien a realizar una confesión pública, o bien a entregar el cuaderno desaparecido. En respuesta a la biografía escrita por Gwinner, publicó junto con el antes mencionado Ernst Otto Lindner un gran volumen de recuerdos, además de manuscritos hasta ese momento inéditos, titulado *Arthur Schopenhauer. Von ihm. Über ihn. Ein Wort der Vertheidigung von Ernst Otto Lindner und Memorabilien. Briefe und Nachlaßstücke von Julius Frauenstädt* [Arthur Schopenhauer. De él. Sobre él. Palabras en su defensa y Recuerdos, por Ernst Otto Lindner. Cartas y manuscritos del legado póstumo, por Julius Frauenstädt] (1863).

El testimonio personal de Lindner resultó ser especialmente revelador. Recordaba que Schopenhauer le había hablado reiteradamente de *Eis heautón* dando especial importancia al cuaderno:

> Hablé varias veces con él al respecto. La última vez fue en el año de 1858. Según decía, quería registrar en el cuaderno una serie de recuerdos de índole puramente personal, con el propósito parcial de percibir, como en un espejo, aspectos concretos de su propia naturaleza. Al mismo tiempo insistió en que esas notas no debían, bajo ningún motivo, ser publicadas antes de su muerte. Y no fui el único a quien hizo semejantes revelaciones. Siempre pareció dar especial valor a este escrito, razón por la cual yo al menos estuve muy pendiente de esa parte de su legado[8].

En cuanto a la versión de Gwinner, la rechazó de plano:

---

8. *Op. cit.*, p. 5.

Me resulta, por otra parte, muy extraño que Schopenhauer mismo hubiera estipulado la destrucción de ese escrito. Ello no concuerda en absoluto con lo que me había dicho. La disposición, asimismo, se corresponde poco con su naturaleza precavida, que difícilmente habría encomendado con ánimo sereno la destrucción de un escrito tan importante para él a la buena voluntad de un sobreviviente[9].

Lindner reafirmó además el reproche de plagio: los obvios cambios de estilo, inocultables en el texto de Gwinner, sólo eran explicables suponiendo que en su presentación biográfica éste sencillamente había copiado literalmente pasajes tomados del manuscrito oculto.

Gwinner se defendió con su libelo *Schopenhauer und seine Freunde. Zur Beleuchtung der Frauenstädt-Lindnerschen Vertheidigung sowie zur Ergänzung der Schrift «Arthur Schopenhauer aus persönlichem Umgange dargestellt»* [*Schopenhauer y sus amigos. Precisiones sobre la Defensa de Frauenstädt-Lindner, así como un Suplemento a la obra «Arthur Schopenhauer retratado de cerca»*] (1863). Pero a la vez que rechazaba indignado la acusación de plagio, hacía una confesión involuntaria, pues reconocía que Schopenhauer le habría «comunicado» y «leído» algunas partes del polémico

---

9. *Op. cit.,* p. 6.

manuscrito, que él registró y luego incorporó a su biografía.

5. Extraño proceder

En verdad, para Gwinner habría sido muy sencillo disipar cualquier sospecha o duda. Hubiera bastado con poner a disposición del público sus propios apuntes. Ello habría permitido que cualquiera comprobase los hechos, y distinguir lo que provenía de la pluma de Gwinner de aquellas otras formulaciones que se retrotraían en mayor o menor grado al maestro.

Algunos indicios, empero, apuntan inequívocamente a que no había destruido tales pliegos, sino que, por el contrario, los guardaba en secreto. Así, por ejemplo, en las subsiguientes ediciones de la biografía escrita por él –una segunda edición apareció en 1878 bajo el título de *Schopenhauers Leben [Vida de Schopenhauer],* a la cual siguió una tercera en 1910– añadió declaraciones de Schopenhauer hasta entonces desconocidas, las cuales citaba literalmente entre comillas. Aparentemente, las tomaba de los papeles inéditos que se hallaban en su poder. También en sus cartas a distintos corresponsales proporcionaba detalles y precisiones ulteriores, que obviamente extraía alegremente de los documentos guardados.

El hecho es que Gwinner nunca llegó a publicar cosa alguna del material que supuestamente poseía. Legó a la posteridad la tarea de especular acerca de por qué nunca quiso revelar su secreto.

6. De padre a hijo

Tras su muerte, ocurrida el 27 de enero de 1917, los misteriosos papeles pasaron a manos de su hijo Arthur, quien fue primero cónsul en España y luego desempeñó un importante cargo en el Deutsche Bank, y por lo tanto no disponía de tiempo para ocuparse de los papeles de Schopenhauer que había heredado. Pero en algún momento se le pasó por la mente romper el silencio, como lo demuestra una noticia periodística del 4 de julio de 1918:

> Schopenhaueriana: Nos han informado que el Señor Director Arthur von Gwinner, nacido en Fráncfort, ha donado a la Biblioteca de Fráncfort del Meno los valiosos apuntes de su padre sobre el filósofo Schopenhauer. Dichos apuntes, sin embargo, sólo podrán ser abiertos transcurridos diez años desde la muerte de su autor, quien fuera amigo del filósofo[10].

---

10. En: Schopenhauer, *Der handschriftliche Nachlaß,* vol. IV/2, p. 292.

Aparte de lo incomprensible de la interdicción de diez años, los papeles nunca llegaron a ingresar en la Biblioteca de la mencionada ciudad. Ni la viuda de su supuesto autor, ni la nieta, Charlotte von Gwinner, fueron jamás capaces de encontrarlos.

Entre los autores que posteriormente hicieron especulaciones se encuentra incluso Nietzsche, que en *Zur Genealogie der Moral* (III, 19) observa al respecto:

> Lo mismo [es decir, echar al fuego los papeles de su maestro] parece que ha hecho el Dr. Gwinner, ejecutor testamentario de Schopenhauer: pues también Schopenhauer había dejado escritas algunas cosas sobre sí y tal vez también contra sí *(eis heautón)*[11].

7. Otras acusaciones: Grisebach

La polémica volvió a inflamarse cuando Eduard Grisebach, editor de las obras de Schopenhauer, se topó con el mismo problema. Una vez más, notó que algunos pasajes de las descripciones de Gwinner estaban asociados a oraciones tan hermosas y típicas de Schopenhauer que sólo podían ser extrapolaciones del manuscrito desaparecido. Y se remitía a

---

11. Friedrich Nietzsche, *La genealogía de la moral,* trad. A. Sánchez Pascual, Madrid: Alianza, 1997, p. 177.

unas declaraciones de Gwinner del 22 de abril de 1870, en las que éste reconocía haber «utilizado para su libro extractos aislados del *Eis heautón*. Algunos pasajes hasta podían ser transcripciones literales». Con estos y similares argumentos respaldó enérgicamente el reproche de plagio, e incluso el de perjurio. Pues estaba plenamente convencido de que Schopenhauer jamás había dispuesto la destrucción del *Eis heautón*[12]. Sospechaba, además, que el manuscrito original no abarcaba únicamente, como sostenía Gwinner, 30 páginas, sino por lo menos 80.

8. La reconstrucción del texto y la presente edición

Grisebach se metió de lleno a resolver el problema e hizo el primer intento de reconstruir lo que presumía pudiera haber sido el texto del cuaderno de notas extraviado. Localizó los pasajes de la biografía escrita por Gwinner que probablemente procedían del manuscrito de Schopenhauer, los ordenó según distintos criterios, tanto cronológicos como temáticos, y los vertió desde la tercera persona, en que se encontraban en Gwinner, a la primera persona. Luego los publicó en el volumen *Schopenhauer's Gespräche und Selbstgespräche* [*Conver-*

---

12. *Edita et Inedita Schopenhaueriana*, ed. de E. Grisebach, p. 36.

saciones y meditaciones de Schopenhauer][13]. Más tarde añadió a su edición de los escritos póstumos, que bautizó como *Neue Paralipomena* [*Nuevos paralipomena*], todo un capítulo, el XXII, al que tituló «*Eis heautón*: sobre sí mismo», incluyendo en él material autobiográfico adicional[14].

Sobre la base del trabajo realizado por Grisebach y bajo consideración de la totalidad del corpus póstumo conservado, Arthur Hübscher presentó luego una nueva reconstrucción del texto, en la que hacía un esfuerzo por fechar los pasajes aislados: ello sucedió por primera vez en el marco de las *Sämtliche Werke* [*Obras completas*] editadas bajo la dirección de Paul Deussen (vol. XVI, 1942, pp. 61-91; comentarios y aparato crítico en las pp. 447-559); y, más tarde, con correcciones adicionales, en el último tomo de su edición del legado póstumo (vol. IV/2, pp. 106-129; comentarios y aparato crítico en las pp. 288-306).

La presente edición toma en cuenta sendas reconstrucciones de Grisebach y Hübscher, aunque por lo general le da prioridad a esta última, de la que adopta su cronología. En algunos puntos, sin embargo, sigue sus propios derroteros. A diferencia

---

13. Berlín: Ernst Hofmann & Co., 1898 (pp. 95-123, Comentarios, pp. 125-139); segunda edición ampliada, 1902 (pp. 120-130, Comentarios, pp. 151-169).
14. *Arthur Schopenhauers handschriftlicher Nachlaß*, ed. de E. Grisebach, vol. IV, pp. 338-364.

de Hübscher, he decidido emplear un orden temático de los fragmentos, en lugar del cronológico, especialmente en la primera parte del texto. Pues la datación se basa en estimaciones no siempre de fiar, además de no ser completa.

Todo lo anterior nos permite formarnos cierta visión de conjunto, por muy tosca y esquemática que sea: Con el *Eis heautón,* Schopenhauer va componiendo para sí mismo a lo largo de los años un librito personal de filosofía práctica que tiene a la mano en cualquier circunstancia. En él se pueden reconocer las reglas básicas de su filosofía de la vida: autarquía, respeto de sí, amor propio, soledad, aristocracia de la inteligencia, una sana misantropía, reserva en el trato con el otro sexo y muchas cosas más. Subyace a todo ello su convicción inamovible de que nuestro mundo es un *mundus pessimus* y que en las situaciones dudosas que la vida nos depara es siempre preferible proceder *ex summo malo,* es decir, asumiendo lo peor, antes que dejarse engañar por los espejismos de un improbable *mundus optimus.*

Este «cuaderno secreto» inaugura, por ende –no obstante el carácter inevitablemente fragmentario de la reconstrucción del texto– un acceso directo y sencillo a las ideas más personales del Maestro del Pesimismo. A decir verdad, la vida no se nos presenta, a sus ojos al menos, como algo bello. Pero la filosofía puede ayudarnos mucho a soportar su fatal levedad.

El arte de conocerse a sí mismo
o
Eis heautón

1

Desear tan poco y conocer tanto como sea posible ha sido la máxima principal que ha guiado mi existencia; pues la voluntad es nuestra parte más vulgar y mezquina; como a los genitales, tenemos que ocultarla, aunque unos y otra se hallen en las raíces de nuestro ser[1]. Mi vida es heroica, no definible en términos pequeño-burgueses o mercantilistas, y menos en los que cuadran al común de las gentes, que no conocen otra existencia que el trajinar diario de cada individuo; mal pudiera, pues, afligirme al constatar cómo me veo privado de todos aquellos aditamentos de la vida convencional del sujeto típico: cargo público, hogar, relaciones sociales, esposa e hijos. La vida de tales personas se reduce a asuntos de esa índole; la mía, en cambio, es de tipo intelectual, y su despliegue gradual e ininterrumpido durante los cortos años en que dura la plenitud intelectual y su libre ejercicio está destinado a beneficiar con sus frutos a siglos enteros de la humanidad. Comparada con esta vida intelectual, mi existencia personal representa sólo una base, una *conditio sine qua non,* es decir, algo totalmente secundario. Cuanto más escueta sea esa base, tanto mayor será su firmeza; con que cumpla su función para con la vida intelectual habrá alcanzado su cometido. Además, nunca me ha fallado la guía certera del instinto característico de quienes orientan su existencia hacia fines intelectuales, lo cual me ha permitido pasar por alto los objetivos privados y encauzarlo todo hacia mi vida espiritual. De ahí que tampoco me inquiete el que mi biografía personal produzca la impresión de ser inconexa y desordenada: se asemeja a la voz acompañante de una melodía, que por sí misma carece de coherencia porque sirve de trasfondo a la voz principal, que en cambio sí la tiene. Lo que inevitablemente se halla ausente de mi vida personal me es compensado de otra manera, a saber, a través del goce pleno de mi espiritualidad y el cultivo de mi vocación congénita a lo largo de mi vida. Es más, si poseyera aquello que me falta, sería incapaz de disfrutarlo y me resultaría un estorbo. Tratar de desviar hacia otros menesteres, o imponerle tareas, a un espíritu que de suyo brinda y produce frutos, especialmente frutos que nadie más podría brindar y que por ello perduran, apartándolo así de su actividad benéfica, es no sólo cruel sino insensato.

2

Ya desde mi adolescencia intuí con respecto a mí mismo que, aunque todos los demás persiguieran bienes externos, yo no debía imitarlos, ya que albergaba en mi interior un tesoro mucho más valioso que todos aquellos bienes, el cual era digno de acrecentarse; y que para ello yo tenía que formarme intelectualmente, y disfrutar de ocio absoluto e independencia. Mi consciencia al respecto, al principio nublada y vaga, se fue haciendo más definida con el pasar de los años, y siempre bastó para hacerme cauto y ahorrativo y dirigir todos mis esfuerzos hacia la preservación de mí mismo y de mi libertad, impidiéndome afanarme por bien externo alguno. Contrariando la naturaleza humana y una de sus justas inclinaciones, tuve, pues, que retirar mis energías del servicio a mi persona y de la promoción de mi bienestar para dedicarlas altruistamente a la humanidad. Y es que mi intelecto no me pertenecía a mí, sino al mundo. La consciencia de este estado de excepción y de la difícil empresa concomitante *de vivir sin emplear mis energías en provecho propio* siempre me produjo angustia y me hizo ser más aprehensivo y temeroso de lo que ya lo era de nacimiento; pero logré salir adelante, resolver la prueba y culminar felizmente mi misión. De ahí que estuviera más que justificado en velar cuidadosamente por que el apoyo procedente de mi herencia paterna, que me sostuvo durante largo tiempo, y sin el cual el mundo no habría obtenido nada de mí, no se haya agotado aún en la edad madura. Ningún cargo público en parte alguna del planeta, ningún puesto de ministro o gobernador hubiese sido compensación suficiente para el ocio que me fue inoculado desde mi propio hogar.

3

La importancia que reviste el ser humano intelectual e inmortal que habita en mí fue siempre tan inmensamente grande, comparada con la del individuo respectivo, que, por numerosas que fuesen las preocupaciones personales que me agobiasen, yo lograba echarlas a un lado y hacerlas desaparecer tan sólo con que se me viniera a la mente un pensamiento filosófico: pues esto fue siempre para mí algo muy serio, y todo lo demás, en cambio, mero juego. En eso consiste el título de nobleza y los privilegios que nos otorga la naturaleza. La felicidad de los hombres comunes consiste en alternar entre el trabajo y el entretenimiento; en mi caso, estas dos cosas se sobreponen la una a la otra. De ahí que la vida de las personas semejantes a mí sea en realidad un monodrama. Quienes como yo predican la verdad al género humano se entremezclan tan poco con los hombres en cuestiones distintas a su misión, al menos una vez que se han comprendido a sí mismos, como los misioneros en China fraternizan con los chinos. Mis semejantes, sobre todo si son jóvenes como yo, se sienten en todas las circunstancias de la vida como alguien que tiene puesta una ropa que no es de su talla.

4

Aquella parte de mi persona que está en contacto con las cosas exteriores, como la camisa lo está con el cuerpo, es mi independencia, que no permite que me vea forzado a olvidar quién soy y a desempeñar el papel de otro; como por ejemplo, el de un chupatintas, o el de un catedrático para quien su saber y su pensamiento son lo mismo que para un vendedor ambulante las mercancías que expone a la vista de todos; o el papel de un funcionario en ejercicio, o el de un lacayo.

5

Puesto que los hombres que me rodean no suelen transmitirme nada, los logros y pensamientos legados por seres parecidos a mí que se desenvolvieron en otras épocas –como yo me desenvuelvo entre mis contemporáneos– suelen constituir mi mayor dicha en esta vida. Su letra muerta me es más entrañable que la presencia viva de los bípedos. ¡Por algo el emigrante le da más valor a una carta proveniente de su patria que a la conversación de los extranjeros que le rodean! ¡Por algo quienes visitan islas deshabitadas se sienten más movidos por los vestigios de moradores antiguos que por todos los monos y cacatúas de los árboles![2].

6

El clima y la vida de Berlín no me atraen en lo más mínimo. Se vive allí como en un barco: todo es escaso, caro y difícil de conseguir; los alimentos están resecos y tiesos; además, las picardías y engaños de toda laya son más enojosos que en los países donde florece el limonero[3]. No sólo desconfían de nosotros de la manera más fastidiosa, sino que a menudo hacen que quienes no nos conocen alberguen hacia nosotros sospechas que ni siquiera imaginamos, y nos traten como φίλους [amigos] hasta que finalmente se produzca la explosión fatal.

7

Como el tiempo de la concepción genial ya ha transcurrido para mí, y a partir de este momento mi vida se adecua sobre todo para la profesión docente, esa vida ha de estar a la vista de todos, y afianzarse en la sociedad, lo cual me estará vedado mientras me mantenga soltero[4].

8

Cada vez que me deprimo trato de reflexionar sobre lo mucho que significa que un hombre como yo pueda vivir toda su vida cultivando sus facultades y su profesión innata; cómo esto se da en un caso entre mil; y cuántos miles de personas nunca alcanzaron esa meta, de manera que yo hubiera podido ser muy infeliz. Cuando en ocasiones me he sentido desdichado, ello se ha debido a una *méprise,* un malentendido respecto de la personalidad; me he considerado, en efecto, como alguien que no soy, y he lamentado su desgracia; creyéndome, por ejemplo, un *Privatdozent* que no logra obtener una cátedra y carece de alumnos[5]; o alguien censurado por este hipócrita, o criticado por aquella dama de sociedad; o como el reo en un juicio por difamación[6]; o como el amante que no es correspondido por la joven con la que se había encaprichado; o como el paciente que convalece en su casa; o como cualquier otra persona que rumia miserias por el estilo: yo no he sido nada de eso; se ha tratado de una materia ajena a mí, un trozo de paño del que acaso se ha cortado el traje que me ha vestido durante un tiempo pero que luego he desechado y cambiado por otro. ¿Quién soy, entonces? Aquel que escribió *El mundo como voluntad y representación* y el que ha dado una solución al gran problema de la existencia, que, comparada con las que le precedieron, podrá parecer anticuada, pero que ocupará a los pensadores de los siglos venideros. Ése soy yo, y ¿qué podría afectarlo en los años que aún le restan de vida?

9

Cuando yo tenía 29 años, un señor desconocido se me acercó para decirme que yo alcanzaría la grandeza. Un italiano, que me era totalmente extraño, se dirigió a mí con las palabras siguientes: *Signore, lei deve avere fatto qualche grande opera: non so cosa sia, ma lo vedo al suo viso* [«Señor, usted seguramente ha creado una obra grande; no sé cuál, pero lo leo en su rostro»][7]. Un inglés que sólo me había visto manifestó que yo debía de tener una mente extraordinaria. Un francés dijo de repente sobre mí: *Je voudrais savoir ce qu'il pense de nous autres; nous devons paraître bien petits à ses yeux. C'est qu'il est un être supérieur* [«Me gustaría saber qué piensa él de nosotros; debemos de parecer bien insignificantes a sus ojos. Pues es un ser superior»]. El hijo de una familia inglesa que estaba de paso, y que pernoctaba en una habitación vecina a la mía, dijo con excitación: *No, I'll sit here, I like to see his intellectual face!* [«¡No, prefiero sentarme aquí, para poder mirar su rostro intelectual!»].

10

No bien había dejado yo atrás mi niñez, ya había reconocido mi lugar en este mundo y me había familiarizado con el mismo lo suficiente como para aplicar a mi estilo de vida aquellas palabras de Chamfort:

Il y a une prudence supérieure à celle qu'on qualifie ordinairement de ce nom, elle consiste à suivre hardiment son caractère, en acceptant avec courage les désavantages et les inconvénients qu'il peut produire.

[«Existe un tipo de prudencia que es superior a la que ordinariamente recibe este nombre, y que consiste en seguir con audacia el carácter de uno mismo y asumir valientemente todas las desventajas e inconvenientes que pudiera acarrear»][8].

En cuanto a la dignidad moral de mis acciones, ello no es algo que me preocupe; pues pienso, junto con Polonio...

This above all, – to thine own self be true;
And it must follow, as the night the day,
Thou canst not then be false to any man.

[«Ante todo, sé fiel a ti mismo;
y se seguirá, como sigue la noche al día,
que no podrás ser falso con nadie»].

Shakespeare, *Hamlet,* I, 3, vv. 78-80

11

En cuanto a mis exigencias, quienes estén en condiciones de apreciar la validez de su fundamento no osarán cuestionarlas, ya que no afectan a sus intereses, y, en cambio, el haberlas percibido y reconocido los honra; sin embargo, sólo las dejarán valer bajo la condición de que yo acepte el hecho como una dádiva, de la misma manera que se suele colocar al final de las facturas la frase «agradecidos por su pago», a pesar de que no se trata sino de una simple obligación; o como el solícito *plaudite* [Aplaudan][9] que figura al final de las obras teatrales de Plauto. No debo, pues, elevar más pretensiones que algún otro: pues la gente parte del supuesto de que ninguna fuerza externa las obliga hacia mi persona, y me lo recuerdan tan pronto como yo dejo de darles muestras de que lo sé. En ellos es natural el miedo a ser minusvalorados *(despectio)*, y cada uno cuida de que los demás no los tengan en menos de lo que ellos se tienen a sí mismos. Se guían por:

par sum unicuique et moriatur qui me
[contemnit!

[«¡Soy igual a cualquier otro, y muera quien me desprecie!»][10].

Esto no es algo que me quite el sueño, ya que debido a mi temperamento suelo ser mirado con recelo *(suspectio)* por todos aquellos a quienes no les importa no figurar entre los mejores. Me atengo a la máxima:

Contemnite me, si potestis, vestro periculo,
[non meo!

[«¡Despreciadme si podéis, pero a vuestro [riesgo, no al mío!»][11].

12

En efecto, mientras la juventud de mi fantasía poblaba el mundo con seres semejantes a mí, experimenté algunas inclinaciones hacia la sociabilidad, de modo que, cuando después de una ausencia de varios años regresé a Dresde y Berlín tras mi segundo viaje a Italia, todo el mundo me encontró extraordinariamente cambiado: así de intensa había sido mi melancolía previa, en la que todavía el impulso natural hacia la sociabilidad, el deseo de expresarme y la necesidad profundamente sentida de adquirir experiencias compensaban mi rechazo hacia los seres humanos. Con la llegada de la madurez, las experiencias adquiridas reforzaron la tendencia separadora y debilitaron aquella otra. A partir de ese momento adquirí el «ojo agudo de la soledad», me convertí sistemáticamente en un ser insociable, y me propuse dedicar a mí mismo el resto de mi vida fugaz y perder tan poco tiempo como fuera posible con aquellas criaturas que por ser bípedas se creen con derecho a tratarnos como sus semejantes; y si se dan cuenta de que no lo son, como sucede casi siempre, a pasarlo por alto astutamente y seguir tratándonos como tales; mientras que nosotros tenemos que soportar, además de la consabida congoja de que no lo sean, el dolor de ser tratados injustamente.

13

Rechazo la sentencia de Bacon de que toda suspicacia es una forma de ignorancia, y pienso con Chamfort: el origen de la sabiduría está en el temor a los hombres[12]. Demóstenes tiene razón cuando dice que terraplenes y murallas son una buena defensa, pero que la mejor es la ἀπιστία [desconfianza]. Yo actúo según la sentencia de Bías: οἱ πλειστοι ἀνρωποι κακοι [«La mayor parte de los hombres son malos»][13], y según las máximas de Leopardi: *L'impostura è l'anima della vita sociale* [«La mentira es el alma de la vida social»][14] y *Il mondo è una lega di birbanti contro gli uomini da bene, e di vili contro i generosi* [«El mundo es una alianza de bribones contra los hombres de bien, y de los mezquinos contra los generosos»][15].

14

Asocio el deseo de poseer una mujer que me pertenezca por completo al proyecto de mudarme a una población rural donde no tendría la oportunidad de comprarme libros: necesidad esta última que, de satisfacerla, arruinaría mi subsistencia en Berlín en caso de que contrajera matrimonio. De ahí que...

ἀλλ᾿ ἄγε δὴ σύ, φίλος, μῆτιν ἐμβάλλεο θυμῷ
παντοίην... φρονέων πεφυλαγμένος εἶναι

[«Por lo tanto, querido amigo, adelante: recapitula con ánimo todo lo que has aprendido... ¡sé prudente y cauteloso!»].

Homero, *Ilíada* XXIII, vv. 313, 343

15

Uno de los puntos en que se contraponen la inexperiencia y la prudencia[16] es que la primera, como estado de conciencia, tiene que ver en sus actos y en su expresión verbal sobre todo con un *tú* general, y por lo tanto no modifica mucho su comportamiento de acuerdo con el prestigio de la persona con la que se relaciona; sino que, en términos generales, otorga su confianza de manera generalizada, con independencia de la manera en que se le presente el tú respectivo; y además aplica de manera *uniforme* su precaución en la ocultación y disimulo de sus propias debilidades, sin parar mientes en si el tú al que esa inexperiencia se obliga a sí misma a complacer contra su propia naturaleza es la figura más desconocida y aleatoria que pudiera existir, o más bien un compañero solidario y constante. La prudencia, en cambio, presta siempre atención a la persona: este individuo le merece la confianza más absoluta, aquél no posee ni un ápice de crédito; debido a este observador, se impone a sí misma una obligación de años y reprime la más mínima revelación de lo vergonzoso; a otro, en cambio, le canta su verdadera naturaleza con la osadía más extrema y sin el menor miramiento... Cuanto más extendida se halla esta prudencia entre la sociedad, tanto más llamativa resulta su ausencia en un caso particular. Pero si aquella otra inexperiencia nos sobreviene en la edad madura, es preciso colegir que o bien se es muy corto de entendimiento, o bien se es... un genio.

16[17]

La cortesía es, como los centavos de calcular, una moneda obviamente falsa: en cambio, la prodigalidad en su uso, cordura... Quien sin embargo practica la cortesía hasta el punto de sacrificar sus intereses verdaderos se parece a aquel que regala monedas de oro auténticas en lugar de centavos de calcular.

Así como la cera, que por naturaleza es dura y quebradiza, se ablanda tanto con el calor que puede adoptar cualquier forma, así uno puede lograr por medio de la cortesía y la amabilidad que incluso personas tercas y hostiles se vuelvan flexibles y favorables. Según ello, la cortesía sería a las personas lo que el calor es a la cera.

17

It's safer trusting fear than faith [«El temor es un guía más seguro que la confianza»]. Debo tener siempre presente... que no me encuentro en mi patria, entre personas de mi misma especie; sino que, debido a un duro e inaudito destino, al que sólo el conocimiento hace llevadero, me veo obligado a vivir entre seres que me son más extraños que los europeos lo son a los chinos; entre pájaros, entre bípedos, «hombres que no lo son»[18]. El conocimiento de la sentencia de Plauto «*homo homini lupus*» [«El hombre es un lobo para el hombre»][19], que en los demás es esporádico, en mí se basa en un instinto vital. Y así como a las bestias peligrosas se las teme pero no se las odia, así me porto yo con los hombres. No quiero ser un μισάνθρωπος [alguien que odia a los hombres], sino un καταφρονάνθρωπος [alguien que desprecia a los hombres][20]. La primera condición para poder despreciar adecuadamente a aquellos que lo merecen, es decir, a cinco sextas partes de la humanidad, es que no se los odie; de ahí que no haya que dar cabida al odio; pues lo que se odia no se desprecia plenamente. Al revés, el medio más seguro contra el odio al género humano es precisamente despreciarlo; pero con un desprecio tan radical que sea el resultado de una comprensión inequívoca y lúcida de la inconcebible pequeñez de su carácter, de la enorme cortedad de su entendimiento y del egoísmo ilimitado de su corazón, que dan lugar a una injusticia ostensible, una envidia extrema y una vileza a veces rayana en la crueldad.

18

En un mundo en el que por lo menos cinco sextas partes están compuestas de pícaros, locos o tontos, el sistema de vida para cada uno de los que integran la sexta parte restante debe consistir, tanto más cuanto más quiera resaltar sobre los demás, en el mayor recogimiento posible. La convicción de que el mundo es un desierto en el cual la sociedad no merece confianza alguna debe internalizarse y volverse un hábito. Así como las paredes estrechan el campo de visión, que se ensancha cuando se vuelven a tener el campo y el horizonte ante los ojos, así la sociedad constriñe mi espíritu y la soledad lo ensancha. Giordano Bruno afirma que aquel que busca y alcanza la verdad pasa desde ser un hombre vulgar, común, civil y popular a ser uno salvaje, como si de un ciervo o un eremita se tratase; y que todos los que en este mundo se han propuesto disfrutar de una vida más elevada hablan a una sola voz: *Ecce elongavi fugiens et mansi in solitudine* [«He aquí que he huido muy lejos y he permanecido en soledad», *Salmos* 55, 8]. Pues el ocuparse de cosas divinas los anula a los ojos de la multitud[21]. También Kleist ha dicho, con la posterior venia de Schiller:

Ein wahrer Mensch muß fern von Menschensein[22].

[«Un hombre de verdad debe estar alejado de los demás hombres»].

En un mundo tan profundamente vulgar como el nuestro, todo aquel que no lo sea debe necesariamente aislarse, y esto siempre ha sido así de hecho. Cuanto más se pueda uno apartar de la compañía de los hombres, tanto mejor se hallará. Así como el hambriento debe hacer caso omiso de una hierba incomestible o incluso tóxica, así debe obrar con respecto a los hombres quien sienta la necesidad de socializar, dada la naturaleza de éstos. Por lo tanto, es una rara y enorme suerte disponer de cualidades suficientes en la propia persona como para no tener que acudir, por fastidio o aburrimiento consigo mismo, a la compañía de los otros, a quienes incluso el noble y moderado Petrarca se refiere así:

Non enim vile tantummodo foedumque, sed (quod invitus dico, quodque utinam non tam late notum experientia fecisset, assidueque faceret,) perniciosum quoque, varium et infidum et anceps et ferox et cruentum animal est homo!» (De vita solitaria, praefatio)[23].

[«Pues el hombre es un animal no sólo vil y despreciable, sino también (y no lo diría si la experiencia no me lo hubiera mostrado, y siguiera mostrando, tan claramente) perjudicial, variable, desleal, poco confiable, feroz y cruel»].

19

Siempre me resultó un obstáculo en mi vida y en todo lo que emprendí que hasta una edad bastante avanzada no fuera capaz de formarme una idea lo suficientemente clara de la pequeñez y miseria de los hombres[24].

20

En todas las épocas ha existido en los países cultos una especie de monjes naturales, los cuales, conscientes de disponer de capacidades mentales sobresalientes, han puesto el desarrollo y ejercicio de las mismas por encima de cualquier otro bien, y por lo tanto han llevado una vida contemplativa y mentalmente activa, cuyos frutos después beneficiaron a la humanidad. De ahí que renunciaran a la riqueza, al comercio, al prestigio mundano y a la posesión de familia propia: ello como resultado de una ley compensatoria. A pesar de que por su rango constituían la clase más distinguida de la sociedad, cuyo reconocimiento es lo que naturalmente alimenta el orgullo de cada cual, prescindieron de las distinciones habituales con cierto aire de humildad monacal. El mundo era su monasterio, su lugar de retiro. El valor que alguien pueda tener para los demás es bastante limitado: al final cada uno está y permanece solo. Y la cuestión es determinar *quién* es el que está solo. Si yo fuera rey y tuviera que velar por mis intereses, mi orden más frecuente sería: «¡Dejadme solo!». Quien se sienta como yo debe comportarse como si fuera el único habitante de un planeta desierto y tuviera que arreglárselas como pudiera. La mayoría de las personas se dan cuenta ya desde su primer encuentro conmigo que ni ellos pueden significar algo para mí, ni yo para ellos. Dotado como estoy de un alto grado de autoconsciencia, es decir, de una existencia superior, mi máxima de vida consiste en preservar incontaminado y completo el disfrute de la misma, y con esa finalidad renunciar a cualquier otra meta. De ahí que es gran ganancia el que los años y la experiencia le permitan a uno adquirir finalmente una *vue nette* [visión clara] de la magnitud de la miseria moral e intelectual de la generalidad de los hombres, porque así ya no se está tentado a involucrarse con ellos más de lo necesario; no se vive en una indecisión parecida a la que surge entre tener sed y estar obligado a tomar una repugnante tisana; no hay necesidad de hacerse ilusiones e imaginar a los hombres como uno quisiera que fuesen, sino que se tendrá siempre a la vista lo que son. De ahí, una vez más:

Optimus ille animi vindex laedentia pectus,
Vincula qui rupit dedoluitque semel.

[«Quien mejor auxilia a su espíritu es quien
 [rompe de una vez por todas
los lazos dolorosos que atan su corazón»].

Ovidio, *Remedia amoris,* vv. 293-294

Me he acostumbrado a soportar muchas cosas de los hombres, pues he reconocido tempranamente que debía hacerlo si quería arreglármelas de alguna manera con ellos. Pero esta máxima procede de la juventud, que precisa del trato con los demás; la experiencia y la madurez hacen que uno pueda prescindir del mismo, y sería torpe preservarlo a costa de una paciencia ilimitada; más bien, como dice Goethe, lo que hay que hacer es dejar que el pueblo se las arregle solo, o encomendarlo a Dios o al demonio[25]. Si no se quiere ser el juguete de un chiquillo o el hazmerreír de cualquier necio, la primera máxima es: ¡sé reservado! Lo que un hombre como yo siente y piensa no se parece en nada a lo que el resto de la gente siente y piensa. Por ello es sumamente importante para mí ser siempre reservado. La actitud adecuada con respecto a los demás es la ironía; pero una ironía completamente desprovista de afectación, despreocupada, nada explícita. Nunca puede estar dirigida directamente contra el interlocutor. El no dejarme convencer a abandonarla lo he considerado siempre como un triunfo personal. Uno debe acostumbrarse a oír todo sin inmutarse, incluso las historias más descabelladas, ponderando la insignificancia de quien habla y sus opiniones, y absteniéndose de cualquier discusión. Ello permitirá luego recordar la escena con satisfacción. Siempre se debe preservar la mirada de conjunto: si uno se queda en los detalles, es fácil perder el rumbo y obtener una visión errada de la realidad. A partir de esta o aquella desviación de un río no se puede determinar su curso. No han de tomarse en cuenta el éxito o el fracaso del momento, ni la impresión que éstos puedan producir. No hemos de derivar nuestro concepto de nosotros mismos de la forma como los demás se comportan con nosotros; que esto nos sirva, más bien, para conocerlos a ellos. En este último caso podremos mirar las cosas fríamente; en aquél no. Cuando dos personas hablan entre sí, normalmente cada una de ellas, hasta cierto punto, se está burlando en secreto de la otra. Llegado el momento de la reflexión serena, por lo tanto, todo instante de ironía será recordado con un sentimiento de victoria, toda revelación sincera con un sentimiento de vergüenza. Nunca se ha de ceder al placer de hablar por hablar, ya que la locuacidad suele conducir a la franqueza. Para comprobarlo, basta con observar cuán distinto es el rostro de alguien cuando nos escucha que cuando nos habla.

21

Como el respeto decrece en proporción al incremento de la confianza, debido a que las personas vulgares suelen despreciar todo aquello que no les cuesta trabajo alcanzar, uno debe sobreponerse a la tendencia natural a la sociabilidad y esforzarse en dosificar cuidadosamente la confianza...

La regla número 177 de Gracián: «Escusar[26] llanezas en el trato»[27].

Virtues, like essences, lose their fragance when exposed. They are sensitive plants, which will not bear too familiar approaches.

[«Las virtudes, como los perfumes, pierden su fragancia al ser expuestas. Son flores delicadas, que no toleran encuentros demasiado cercanos.»]

[William] Shenstone, *Essays on Men and Manners* [Londres: J. Cundee], 1802, pp. 41, 163

22

No bien comencé a pensar, me sentí divorciado del mundo. En la juventud ello me atormentaba a menudo; pues creía que la razón estaba del lado de la mayoría. Helvecio fue quien primero me corrigió al respecto. Luego, con cada nuevo conflicto, el mundo era quien salía perdiendo, y yo quien más ganaba. Ya cumplidos los 40 años, me pareció que yo había ganado el juicio en todas sus instancias, y me encontré situado en una posición más encumbrada que la que yo había soñado nunca: el mundo, por contraste, se me convirtió en yermo y aburrido. Durante toda mi existencia me he sentido terriblemente solo y no he cesado de lamentarme en el fondo de mi corazón:

Jetzt gieb mir einen Menschen!

[«¡Ahora dadme a un ser humano!»]

Schiller, *Don Carlos,* III, 5, v. 2808

En vano. Seguí estando solo. Pero puedo decir con toda franqueza que la culpa no fue mía: nunca rechacé a nadie, ni esquivé a quien fuera humano de mente y corazón; sólo hallé, empero, piltrafas, de mente estrecha y corazón torcido, carentes de ideales, excepción hecha de Goethe, Fernow y a lo sumo F. A. Wolf y algunos más, que, sin excepción, eran de 25 a 40 años mayores que yo. De ahí que poco a poco la animadversión hacia individualidades fuera dando paso a un desprecio sereno del colectivo. Me había percatado de la diferencia entre mi persona y los seres humanos desde muy temprano; pero pensaba: primero conoce a un centenar de hombres y seguramente encontrarás al ser humano que buscas; luego pensé: lo encontrarás si buscas entre mil; y por último: habrá de aparecer, aunque sea entre decenas de miles de personas. Finalmente llegué a la conclusión de que la naturaleza es infinitamente más pobre de lo que yo pensaba, y que debo soportar la *solitude of Kings* (Byron)[28] con dignidad y resignación.

23

The more I see of men, the less I like of them; if I could but say so of women too, all would be well.

[«Cuanto más observo a los hombres, menos los soporto; si pudiera decir lo mismo de las mujeres, todo estaría bien.»]

Th. Moore, *Letters and Journals of Lord Byron [with Notices of His Life],* Bruselas [Bruselas-París: A. et W. Galignani], 1830, I, 499

24

Lo que en último término habla a favor del matrimonio son los cuidados en la vejez y en la enfermedad, así como la posibilidad de tener una descendencia propia. Pero incluso estas ventajas me parecen ilusorias: ¿Acaso mi madre cuidó de mi padre cuando éste se hallaba enfermo? ¿No se le brinda a uno la bienvenida más calurosa en una posada, y no es la vida entera un *diversorium,* un simple hostal? Aunque a veces me asalta la duda de si la existencia retirada que requieren personas como yo se encuentra con mayor facilidad en el celibato o en el matrimonio, no dejo de darme cuenta de que este último me está vedado, porque, si me examino a mí mismo detenidamente, no siento ni el valor ni la capacidad ni la vocación de echar sobre mis hombros el peso de la vida en matrimonio. La sensibilidad y la intelectualidad siempre predominaron en mí, por lo que experimenté con especial intensidad las desgracias e iniquidades de la vida, mientras que me afectaron mucho menos sus alegrías y placeres. De ahí que desde mi juventud mis sueños de felicidad estuvieran asociados a escenas de retraimiento, tranquilidad, soledad y satisfacción conmigo mismo. Si mi vida real... fuera el elemento principal de mi existencia y la fuente de mis placeres, hubiera hecho bien en casarme; pero como, muy al contrario, mi vida ha sido de tipo ideal e intelectual, mal podía hacerlo: pues hay que sacrificar una cosa en aras de la otra.

Un ser humano que, por la causa que fuere, haya abandonado el camino natural de la vida, no debe casarse jamás. Quien no tiene un oficio remunerado no ha echado raíces firmes sobre la tierra y una tormenta puede derribarlo, y, por lo tanto, debe permanecer aislado. La osadía de vivir con escasos recursos y sin trabajar puede solamente ser llevada a efecto en celibato. La pérdida de libre disponibilidad sobre *la propia persona* es un mal mucho mayor que la ventaja que se deriva de atraer hacia sí a *otra persona distinta*. También resulta casi imposible que yo pueda ser feliz con una mujer que no encuentre la felicidad a mi lado: como casi siempre vivo en mi mundo mental y no amo la sociedad o las diversiones, y para colmo no siempre estoy de buen humor, hay pocas esperanzas de que una mujer llegue a sentirse dichosa en mi compañía.

Considero que la verdadera finalidad de mi vida se encuentra más allá de los límites de mi existencia personal, que siempre me pareció tan sólo un medio para lograrla, y por lo tanto, si mi persona y mi patrimonio dejaran de estar a mi entera disposición y perteneciesen también a otra persona, lo más importante y extraordinario habría tenido que ser sacrificado en aras de lo más ordinario. Para asegurarme la posesión libre e ilimitada de mí mismo renuncio a la posesión de toda otra persona. Pues para que fuera toda mía, yo tendría que pertenecerle por completo. [...]

Considero mi herencia como un tesoro sagrado que me ha sido legado para que resuelva la tarea que me impuso la naturaleza, es decir, llegar a ser para mí mismo y para la humanidad aquello para lo que la naturaleza me ha predestinado; se trata de una especie de salvoconducto sin el cual yo sería inservible para la humanidad y probablemente viviría la vida más miserable que jamás haya conocido hombre alguno que se me parezca. Por ello, vería como el desperdicio más abusivo e indigno entregar casi la mitad de mis ingresos a comerciantes de ropa a la moda, sastres y cosmetólogas, sólo con la esperanza, tantas veces frustrada, de disfrutar de una vida más placentera.

Cuanto más cuerdo y sabio se es, peor le va a uno en sus tratos con la mitad insensata de la humanidad; y con razón, ya que involucrarse con ella no es sino una insensatez aún mayor. Quien hasta los 40 años cumplidos no ha asumido la carga de tener esposa e hijos, poco debe de haber aprendido si más tarde se decide a hacerlo. Es como si hubiera recorrido a pie las tres cuartas partes de un trayecto que normalmente se efectúa en diligencia, y quisiera cubrir la parte restante del mismo con el billete de todo el viaje.

He that hath wife and children, hath given hostages to Fortune, for they are impediments to great enterprises, either of virtue or mischief. Certainly the best works and of greatest merit for the public have proceeded from the unmarried or childless men, which both in affection and means have married and endowed the public.

[«Quien tiene mujer e hijos le ha dado rehenes al destino; pues son impedimentos para grandes empresas, ya sean buenas o malas. No cabe duda que las obras mejores y más meritorias para la sociedad han procedido de hombres solteros o sin hijos, que, casándose con ella, le han legado su amor y sus recursos.»]

Bacon, *Essay of Marriage and Single Life*[29]

25

La mayoría de los hombres... se dejan seducir por un bello rostro; pues la naturaleza, al hacer que las mujeres se muestren plenamente en su faceta esplendorosa... o produzcan un «golpe de teatro», los induce a tomarlas por esposas; mientras que oculta los muchos males que acarrean, tales como tareas sin fin, atenciones de los hijos, terquedad, caprichos, envejecimiento y amargura tras pocos años; engaños, infidelidades, manías, ataques de histeria, amantes y todos los males de este mundo. De ahí que yo denomine al matrimonio una culpa que se contrae en la juventud y se paga en la madurez, y me remito a Baltasar Gracián, quien califica como camello a un cuarentón, sólo por tener mujer e hijos; pues la finalidad normal de la así llamada carrera de los jóvenes es que se conviertan en bestias de tiro para una mujer. Excepción hecha de las mejores, la mujer suele presentarse como un pecado de juventud. El ocio que con su trabajo les brindan los hombres todos los días a sus esposas lo requiere el filósofo mismo. El casado soporta el peso completo de la vida, mientras que el soltero sólo soporta la mitad del mismo; quien se consagra a las musas debe pertenecer a este segundo grupo. Así se explica que casi todos los filósofos verdaderos hayan permanecido solteros: por ejemplo, Descartes, Leibniz, Malebranche, Spinoza y Kant. A los antiguos no se les puede tomar en cuenta, ya que entre ellos la mujer ocupaba un puesto subordinado; por otro lado, son conocidos los padecimientos de Sócrates, y Aristóteles fue un cortesano. Los grandes poetas, en cambio, estuvieron todos casados, y, por cierto, infelizmente. Shakespeare incluso fue doblemente traicionado. Los maridos suelen ser Papagenos, pero al revés: pues así como a éste una anciana se le rejuvenece con una rapidez pasmosa, a aquéllos se les envejece una joven con no menor prontitud.

26

Matrimony = war and want! Single blessedness = peace and plenty.

[«Matrimonio = ¡guerra y necesidades! Soltería = paz y abundancia.»][30]

Incluso el laureado bardo del amor dice:

Quisquis requiem quaeris, foeminam cave, perpetuam officinam litium ac laborum.

[«Quien busque la tranquilidad, que evite a la mujer, fragua perpetua de disputas y penalidades.»]

Petrarca, *De vita solitaria,* lib. II, sección III, cap. 3[31]

27

No es posible mantener a las mujeres dentro de los límites de la razón excepto a través del miedo; en el matrimonio, sin embargo, es preciso mantenerlas a raya, pues uno tiene que compartir con ellas lo mejor de sí; de ahí que se pierda en placer de la relación amorosa lo que se gana en autoridad. Eso explica que la mitad de todos los asesinatos que se cometen en Inglaterra ocurran entre cónyuges.

28

La naturaleza contribuyó a aislar mi corazón al proveerlo de irritabilidad, impetuosidad y orgullo hasta un grado casi incompatible con la *mens aequa* del filósofo. Heredé de mi padre un miedo que yo mismo aborrezco y... que combato con toda la fuerza de mi voluntad, el cual me sobreviene con motivo de las más nimias ocasiones con una intensidad tal que puedo representarme vívidamente las peores desgracias, aunque sean meras posibilidades, incluso posibilidades muy remotas. Una fantasía terrible agrava a veces esta inclinación hasta extremos inverosímiles. Cuando sólo tenía seis años de edad, mis padres, que regresaban a casa de un paseo, me hallaron en la más completa desolación, porque yo creía que me habían abandonado para siempre. En mi juventud me atormentaron enfermedades y peleas imaginarias. Mientras cursaba en Berlín mis estudios superiores me consideré durante un tiempo anímicamente extenuado. Al declararse la guerra en 1813 me aterrorizaba la idea de ser llamado a filas. De Nápoles me ahuyentó el miedo a las paperas, de Berlín el miedo al cólera. En Verona me asaltó la obsesión de haber inhalado tabaco envenenado. Cuando [en julio de 1833] estaba a punto de abandonar Mannheim, me invadió sin motivo aparente un indescriptible sentimiento de angustia. Durante años me persiguió el temor de un juicio penal por el... asunto de Berlín, a consecuencia del cual pudiera perder mi fortuna y ver revocada, a favor de mi madre, la partición de la herencia. Si oía algún ruido en la noche, me levantaba de la cama y enseguida tomaba mi espada y las pistolas, que siempre guardaba cargadas. Incluso cuando no estoy especialmente alterado, me acompaña siempre una preocupación interior que me hace descubrir y buscar peligros donde no los hay, y que intensifica la más mínima molestia hasta el paroxismo y dificulta enormemente mi trato con los demás.

29

La mayoría de los hombres se parecen a las falsas castañas, que tienen la apariencia de las verdaderas pero son totalmente incomestibles[32]. (Así se dice en el *Kural* de Tiruvalluver: «El pueblo llano se parece a las personas; ¡nunca he visto algo que se les parezca tanto!»)[33]. Muchos hombres son una amalgama de maldad y estulticia, las cuales, por esa misma razón, son difíciles de diferenciar en ellos. La expresión inglesa a *dull socundrel* [un pillo tonto] es la que mejor los describe. Goethe... anotó en mi álbum, muy en consonancia con su carácter:

Wills du dich deines Werthes freuen,
So mußt der Welt du Werth verleihen;

[«Si quieres disfrutar de tu valor,
también debes darle valor al mundo»]³⁴;

Yo, en cambio, prefiero pensar con Chamfort:

Il vaut mieux laisser les hommes pour ce qu'ils
[sont,
que les prendre pour ce qu'ils ne sont pas.

[«Es preferible dejar que los hombres sean lo
[que son,
que tomarlos por lo que no son.»]

Rien de si riche qu'un grand soi-même! [«¡Nada hay tan rico como un gran yo!»]³⁵ Casi cualquier contacto con la gente es una contaminación, un *défilement* [degradación]. Dada la naturaleza de la gente, quien a lo largo de su vida entera tenga lo menos posible que ver con ella puede contarse como el más sabio. Goethe deploraba lo contrario, en Eckermann. Uno debe estar imbuido de la convicción, y no olvidarla nunca, de que ha descendido a un mundo poblado de seres moral e intelectualmente lamentables que le son extraños, y a los que debe evitar a toda costa; debe considerarse a sí mismo como un brahmán entre sudras y parias, y actuar en consecuencia. A los pocos que son mejores se los debe estimar y honrar en la medida en que lo sean. Uno nace para aleccionar al resto, no para acompañarlos. Debemos acostumbrarnos a ver a los demás como una especie extraña, que sólo es la materia receptora de nuestra actividad. Su constitución paupérrima en lo moral e intelectual debería ser para nosotros tema de reflexión diaria, y no deberíamos olvidar que no los necesitamos y que podemos mantenerlos a raya. Como aun el peor y más limitado de ellos es nuestro semejante en muchos aspectos, tanto psíquicos como morales, algunos tratarán de hacer énfasis en estos últimos y ocultar lo que nos hace mejores a nosotros. Y como aquellas gentes no respetan otra cosa que el poder y la violencia, no queda más remedio que desarmarlas o eludirlas. Debido a la envidia inherente a la naturaleza humana es inevitable que quienes carecen de ingenio y destreza alberguen una animadversión recóndita contra quienes se hallan más elevados que ellos; y que los viles y rechazados envidien a los honestos y los nobles, por más que a veces hayan cosechado beneficios y distracciones de estas víctimas de su resentimiento secreto, y con ese propósito hayan buscado su compañía. Asimismo también deben comenzar a despreciar en silencio a estos últimos quienes en vano se afanan por encontrar la misma nobleza de ideales o el mismo grado de claridad de inteligencia que ellos mismos poseen. En eso consiste el doble aislamiento de cualquier persona excelente; una vez que el *bipes* [bípedo] ha notado la superioridad de esta última, la disimula tan instintivamente como un insecto que se hace el muerto; pues la disimula ante sí mismo.

30

La diferencia radical entre quienes son como yo y el resto de la gente se basa sobre todo en que los primeros sienten una necesidad urgente que los segundos desconocen y que podría incluso perjudicarlos si la llegasen a satisfacer: la de disponer de ocio para pensar y estudiar, la cual modifica incluso el criterio moral para evaluar a personas como yo; aunque Pericles tenía razón cuando en su lecho de muerte dijo que en última instancia ningún *mérito* es capaz de redimir a una mala conciencia. Junto con los antiguos, como Sócrates y Aristóteles (Diógenes Laercio II, 31; Aristóteles, *Ética a Nicómaco* X 7, 1177 b 4), considero al ocio como el mayor de los bienes terrenales. Cuando nace un hombre como yo, otros no le pueden desear nada mejor que el que viva cada día y cada hora, tan intensamente como sea posible y a lo largo de toda su vida, siendo fiel a sí mismo y a su espíritu.

Pero es difícil satisfacer esta exigencia en un mundo donde la fortuna y aquello para lo cual uno nació van por senderos diferentes; donde hay que navegar, como entre Escila y Caribdis, entre la pobreza, que nos arrebata todo ocio, y la riqueza, que por todos los medios trata de arruinarlo y alejarnos de él. La naturaleza ha prefigurado el destino del hombre: de día trabajar y de noche descansar, disfrutar de un poco de ocio y de aquello en lo que radica su felicidad: la esposa y los hijos, su consuelo en la vida y en la muerte. Sin embargo, allí donde una constitución inusual acarrea grandes necesidades espirituales y, con ellas, la posibilidad de los grandes placeres respectivos, el ocio se convierte en una condición fundamental de la felicidad, por la cual se está incluso dispuesto a sacrificar voluntariamente la dicha humana proveniente de esposa e hijos. Un individuo así pertenece a otra esfera. Sin embargo, la satisfacción de estas exigencias tan inusuales requiere condiciones externas muy difíciles de hallar. Debe producirse al respecto una convergencia favorable del destino, que facilite a una naturaleza extraordinaria condiciones no menos extraordinarias. Sucede lo que ya experimentara Knebel a sus diecinueve años: que la vida de la mayoría de los hombres, tanto por su propia naturaleza como por las circunstancias que les rodean, se rige por un plan que pareciera haberles sido impuesto; las circunstancias de su vida podrán variar mucho y modificarse cuanto se quiera, pero al final se podrá entrever un cuadro general con rasgos uniformes. La mano de cierto destino, por muy oculto que esté, saldrá a relucir: puede que se manifieste como efecto de una causa exterior o como una alteración interior: a veces serán incluso razones contradictorias las que apunten en su dirección (K. L. Knebel, *Literarischer Nachlaß [und Briefwechsel,* ed. de K. A. Vernhagen von Ense y T. Mundt, Leipzig: Reichenbach, 1840], vol. III, p. 452)[36].

31

Se puede... comparar a la sociedad corriente con aquel tipo de orquesta de cuernos rusa en la que cada cuerno no posee sino una sola nota, y en la que la música sólo surge de la coincidencia sincopada del conjunto. Pues el entendimiento y el ingenio de la enorme mayoría de las personas son monótonos como cada uno de aquellos cuernos; en efecto, muchas de ellas dan la impresión de tener siempre el mismo y único pensamiento y de ser incapaces de concebir cualquier otro[37].

32

Comparto la opinión de Thomas von Kempen (quien sigue a Séneca, *Epistulae,* 7): *Quoties inter homines fui, minor homo redii* [«Siempre que fui a tratar con hombres, regresé como un hombre inferior», *De imitatione Christi,* Libro I, XX, 2]. Es verdad que Goethe dice que la conversación es aún más vigorizante que la luz[38]; y sin embargo, es preferible guardar silencio antes que sostener una conversación tan pobre y acartonada como la que es usual entre los bípedos, en la que tres cuartas partes de lo que a uno se le ocurre no puede ser dicho por miramientos que no por inevitables son menos necios, con lo que la conversación se torna en una especie de caminar sobre la cuerda floja de lo que es permitido decir sin riesgo alguno. Generalmente, cada conversación, excepto la sostenida con un amigo o una amante, deja un mal sabor de boca, una leve alteración de la paz interior. En cambio, todo recogimiento del espíritu deja una estela reconfortante. Si hablo con los hombres, lo que obtengo de ellos son sus opiniones, que casi siempre son falsas, ramplonas o mentirosas, y están vertidas para colmo en el paupérrimo lenguaje que cuadra con su talento. Si, en cambio, hablo con la naturaleza, ésta me proporciona, verídica y francamente, toda la esencia de cada cosa mentada, y lo hace de forma nítida e inagotable, expresándose en el lenguaje de mi espíritu. A mí siempre me absorben vivamente mis pensamientos y su transmisión; pero con los bípedos no pasa lo mismo: no se interesan sinceramente por sus propias ideas y expresiones, ni las respaldan con el suficiente entusiasmo como para que uno se los tome en serio. Por eso están siempre atentos a su entorno inmediato, en un grado que a mí me resulta incomprensible. Mi mirada se enfoca en un punto concreto, pero la de ellos siempre yerra difusa de un lado para otro, y acogen con alegría cualquier ruido que los interrumpa. De ahí que, por ejemplo, los hombres nunca me parezcan menos mis semejantes que cuando observo cómo hablan por hablar, toleran indolentes el ladrido de los perros o mantienen canarios en cautividad.

33

Ya al llegar a los treinta años de edad estaba francamente cansado de tener que considerar como semejantes a seres que en verdad no lo eran. Mientras el gato es joven, juega con bolitas de papel, porque cree que son seres vivos parecidos a él; pero una vez que crece, las reconoce y no las toca[39]. Así me ha sucedido a mí con los bípedos. *Similis simili gautet* [lo semejante se alegra con lo semejante][40]: para ser amado por los hombres, uno tendría que ser semejante a ellos; pero ¡al diablo con eso! Lo que los atrae mutuamente y los mantiene unidos es su maldad, su mezquindad, su ramplonería, su pobreza de espíritu y su miseria. De ahí que mi saludo a todos los bípedos sea: *pax vobiscum, nihil amplius!* [¡la paz sea con vosotros, pero nada más!]. El hombre de naturaleza noble cree en su juventud que las consideraciones esenciales y decisivas, así como las relaciones humanas que se derivan de ellas, son las *ideales,* es decir, las que se basan en afinidades electivas, en la forma de pensar, el gusto y las capacidades espirituales; sólo más tarde se da cuenta de que lo decisivo son las consideraciones *reales,* es decir, de las que se basan en algún interés material. Ésas son las que subyacen a cualesquiera relaciones: incluso, la mayoría de los hombres ni siquiera sospecha la existencia de algún otro tipo de vínculos[41]. Por lo tanto, cuanto más alto esté uno situado espiritualmente, tanto más viles le parecerán los hombres, de la misma manera que si la distancia desde la base de una torre hasta su cúspide es de 300 pies, habrá la misma distancia desde la cúspide hasta la base.

34

Die eisernen Reifen, mit denen mein Herz eingefaßt ist, treiben sich täglich fester an, sodaß endlich gar nichts mehr durchrinnen wird. So viel kann ich sagen: je größer die Welt, desto garstiger wird die Farce, und ich schwöre, keine Zote und Eselei der Hanswurstiaden ist so ekelhaft als das Wesen der Großen, Mittleren und Kleinen durcheinander. Ich habe die Götter gebeten, daß sie mir meinen Muth und Gradsinn erhalten wollen bis ans Ende und lieber das Ende mögen vorrücken, als mich den letzten Theil des Ziels lausig hinkriechen lassen. Ich bete die Götter an und fühle doch Muth genug, ihnen ewigen Haß zu schwören, wenn sie sich gegen uns betragen wollen wie die Menschen.

[«Los aros de hierro que guarnecen mi corazón se estrechan cada día más, por lo que al final no dejarán pasar ni una gota. Sólo puedo decir que cuanto más grande es el mundo, más detestable se vuelve su farsa, y juro que ninguna obscenidad o burrada de los payasos es tan repugnante como la mentalidad de los Grandes, Medianos y Pequeños Señores todos juntos. Les he pedido a los dioses que me conserven el coraje y la entereza hasta el último instante, y que se dignen adelantarlo antes que permitir que yo me arrastre vergonzosamente durante la etapa final. Es una oración que elevo a los dioses, pero al mismo tiempo me siento con el valor suficiente como para jurarles odio eterno si deciden comportarse con nosotros como lo hacen los seres humanos.»]

Goethe, a Frau von Stein, 19.05.1778[42]

[...] Si uno se fija cuidadosamente en los aspectos repugnantes de la fisonomía y en los modales de los hombres cuando los conoce por primera vez, sentirá un rechazo a tratarlos más de cerca, lo cual debe ser siempre bienvenido. Los hombres son como aparentan ser; y no cabe decir nada peor de ellos. Para avergonzarnos de ser personas basta con contemplar aquellos rostros a los que aún no hemos logrado acostumbrarnos. Es siempre desconcertante y a menudo peligroso el que la apariencia y la realidad diverjan mucho entre sí; por ello, me alegro de que el mundo se presente ante mis ojos tan aburrido como lo es para mi razón.

35

Todos los ejemplos sorprendentes y chocantes de ruindad, maldad, traición, bajeza, envidia, necedad y doblez que uno haya tenido que experimentar y soportar no deben ser arrojados al viento; más bien se los debe utilizar como *alimenta misanthropiae* [alimento de misantropía], recordarlos una y otra vez, y tenerlos siempre vívidamente presentes para nunca perder de vista la verdadera naturaleza de los seres humanos y evitar hacer a éstos concesiones de algún tipo. Pues observaremos que aquellos que nos infligieron tales males se habían relacionado con nosotros durante años sin que nosotros los creyésemos capaces de hacer lo que terminaron haciendo; lo que lleva a pensar que fue sólo la ocasión lo que les permitió hacerlo. Cuando uno conoce a un hombre por primera vez no debe olvidar nunca que probablemente tendría que despreciarlo u odiarlo si lo llegara a conocer mejor.

36

[Tengo cierta esperanza de] que el sol matutino de mi fama dore con sus primeros rayos el ocaso de mi vida y mitigue su lobreguez[43].

37

Cuando se ha vivido una vida tan larga en el anonimato y el desprecio, algunos llegan, al final, con bombos y platillos, y creen que han realizado una hazaña.

38

(Siempre he tenido la esperanza de morir fácilmente); pues quien ha estado solo toda su vida podrá resolver mejor que nadie este negocio solitario. En lugar de acabar en medio de sandeces inventadas a la medida de la capacidad limitada de los *bípedos,* me iré con la alegre consciencia de regresar al lugar de donde tan bien dotado surgí y de haber cumplido mi misión.

Máximas y pasajes predilectos

1

Ἅπας μὲν ἀὴρ αἰετῷ περάσιμος,
Ἀπάσα δὲ χθὼν ἀνδρὶ γενναίῳ πατρίς.

[El cielo todo es el ámbito del águila,
el mundo todo, la patria del hombre noble.]

Eurípides, *fragmenta* [1047 = Estobeo 40, 9]

2

Οὐ τὸ ἡδὺ διώκει ὁ φρόνιμος ἀλλὰ τὸ ἄλυπον

[El prudente no persigue el placer, sino la ausencia de dolor.]

Aristóteles [*Ética a Nicómaco* VII 11, 1152 b 15-16]

3

Magnum vectigal parsimonia.

[Gran renta es el ahorro.]

Cicerón [*Paradoxa Stoicorum* I, 49; *De re publica* 4, 7]

4

Nemo potest non beatissimus esse qui est totus aptus ex sese quique in se uno ponit omnia.

[No puede menos de ser feliz quien es capaz de valerse por sí solo y hace depender todo de sí mismo.]

Cicerón [*Paradoxa Stoicorum* II, 17][44]

5

Independence is a better cordial than tokay.

[La independencia es un tónico mejor que el *tokay*[45].]

Shenstone [*Essays on Men and Manners,* Londres: J. Cundee, 1802, p. 195][46]

6

Coetusque vulgares et udam
Spernit humum fugiente pinna.

[(La virtud)... mira desdeñosa al
barullo del pueblo, a las exhalaciones del suelo.]

Horacio [*Carmina* III, 2, 23]

7

*Nulli te facias nimis sodalem,
Gaudebis minus et minus dolebis.*

[No te hagas demasiado amigo de nadie;
así te alegrarás menos y sufrirás menos.]

Marcial [*Epigrammata* XII, 34, 10]

8

Il n'y a pas de dette plus fidèlement acquitée que le mépris.

[Ninguna deuda se salda tan fielmente como el desprecio.]

Helvecio [*De l'esprit*, París: Durand, 1758, p. 86][47]

9

Asno sea quien a asno bozea[48]

Proverbio español.

10

Give the world its due in bows.

[Hacedle al mundo las reverencias que haga falta.]

[Schopenhauer]

11

There is nothing by which a man exasperates most people more, than by displaying a superior ability of brilliancy in conversation. They seem pleased at the time, but their envy makes them curse him at their hearts.

[Nada hay en un hombre que irrite tanto a tanta gente como su habilidad para hablar con brillantez. Aunque al instante parecieran alegrarse, su envidia hace que lo maldigan en su fuero interno.]

Samuel Johnson [*Life of Samuel Johnson,* Londres: Henry Washbourne, 1848, p. 490]

12

Der schlimmste Neidhart in dieser Welt –
Der jeden für seinesgleichen hält.

[El peor envidioso de este mundo
es quien a todos toma por sus pares.]

Goethe[49]

13

Ti scongiuro, Nolano, per il divino tuo genio che ti difende et in cui ti fidi, che vogli guardarti di vili, ignobili, barbare et indegne conversazioni; a fin che non contraggi per sorte tal rabbia e tanta ritrosía, che divenghi forse come un satirico Momo tra li dei, e come un misantropo Timon tra gli uomini.

[Te conjuro, Nolano, por el duende divino que te protege y en el que confías, que te abstengas de conversaciones viles, innobles, bárbaras e indecentes; a fin de que éstas no te imbuyan de tanta ira y displicencia que casi te conviertas en una especie de satírico Momo para los dioses, y en un misántropo Timón para los hombres.]

Giordano Bruno, *Cena delle Ceneri*[50]

14

The intellectual nature is its own law.

[La naturaleza intelectual tiene su propia ley.]

Richard Price[51]

15

Sein Witz und Humor machte ihn zum angenehmen Gesellschafter, und obgleich sein edles Herz ihm überall Freunde hätte erwerben sollen, so fand er doch nur wenige. Da er sich durch seine Perspicacität immer zum beständigen Urtheil über Menschen und Dinge hinreißen ließ, so wurden oft seine Entscheidungen hart und scharf; und wenn er einem Thoren, der vor tausend Jahren gelebt hatte, das Facit machte, so war oft der Zuhörer, und wenn es auch tête-à-tête geschah, unschlüssig, ob es nicht eine Anspielung sei, die ihm gelte.

[Su ingenio y humor lo convertían en un grato interlocutor, y aunque su noble corazón hubiera debido granjearle amigos por doquier, de hecho fueron muy pocos los que encontró. Como su perspicacia siempre lo conducía a ponderar constantemente a las personas y a las cosas, sus juicios a menudo resultaban duros y tajantes; y cuando a veces emitía un dictamen sobre algún necio que vivió hace mil años, aquel que lo escuchaba se preguntaba a veces, incluso si la conversación tenía lugar en su presencia, si no estaría aludiendo a su persona.]

J. H. Merck, *Lindor*[52]

16

An nichts tragen die Menschen schwerer, als an der Achtung, Verehrung, die sie für die guten Eigenschaften und Tugenden anderer fühlen oder fühlen müssen. Wer nicht will, daß ihm die Last vor die Füße geworfen werde, oder den so Belasteten nach und nach von den Schultern falle, der muß immer etwas zu dem Gewichte zu legen haben: er muß sie darunter erdrücken. Aber ich steh' ihm nicht für die Folgen der Verzweiflung der so Leidenden.

[Nada les resulta tan pesado a los hombres como el respeto y la admiración que sienten o debieran sentir hacia las buenas cualidades y virtudes de los demás. Quien no desee que se le lance este lastre a sus pies, o que el mismo se vaya cayendo de los hombros de quienes lo cargan, debe tener a mano algo más pesado para presionarlo hacia abajo. Pero en ese caso no respondo de la reacción desesperada de los sufrientes.]

Klinger[53]

17

Wenn der Vorzug des Menschen sich darin erhärtet, daß er mehr ein selbständiges und geschlossenes Wesen als jedes einer andern Gattung ausmacht, so besteht gewiß der höhere Vorzug der Menschen untereinander, in je höherm Grade einer vor dem Andern dies in sich selbst vollendete geschlossene und selbständige Wesen bildet. Ein Mensch also, der in seinen Ansichten, Handlungen, seiner Gestaltung und Produktivität oder in allen den Berührungspunkten seines Daseins mit den Wesen seiner Gattung sich gleichsam selbst umkreist, und von der Sphäre seinesgleichen durch sein abgerundetes Wesen so zu sagen in dem Grade abstreift, daß nur ein kleiner Punkt der Assimilation, eine Tangente zwischen ihm und der Menschengattung sich bildet - einen solchen Menschen kann man schlechthin zu den Vorzüglichsten und Größten zählen.

[Si la superioridad del hombre radica en el hecho de que constituye un ser más autónomo y completo que alguno de cualquier otra especie, entonces indudablemente también la superioridad de una persona con respecto a otra debe residir en el grado en que encarne a ese ser perfecto, completo y autónomo. Así pues, un hombre que en sus opiniones, acciones, modo de vida y productividad, así como en todos aquellos aspectos en los que entra en contacto con los seres de su especie, se cierre sobre sí mismo y toque con su naturaleza bien redonda la esfera de sus semejantes únicamente de modo que se produzca un pequeño punto de asimilación, una tangente entre su persona y el género humano; un hombre así puede sin duda alguna contarse entre los más excelsos y grandes de su especie.]

Paul Ferdinand Friedrich Buchholz, *Kabinet Berlinischer Karaktere* [Berlín: Duncker & Humblot], 1808, p. 6[54]

Notas

El arte de conocerse a sí mismo

1. Cf. *Parerga und Paralipomena*, vol. II, p. 635.
2. Incorporado después en *Pandectae* (1834), p. 160, en: *Der handschriftliche Nachlaß*, vol. IV/1, p. 179.
3. Es decir, Italia, según el verso inicial del poema de Goethe en *Wilhelm Meisters Lehrjahre*: «*Kennst Du das Land? Wo die Citronen blühen...*» en: *Werke. Hamburger Ausgabe in 14 Bänden,* Múnich: Beck, 1981, vol. VII, p. 145.
4. Posiblemente Schopenhauer aluda aquí a la posibilidad, que había tomado en cuenta, de casarse con Caroline Richter Medon, una corista del Teatro Nacional de Berlín que había conocido en 1821 y con la cual sostenía un romance desde hacía tiempo.
5. Como es sabido, la carrera filosófica de Schopenhauer fracasó por la resistencia de los catedráticos universitarios y por su oposición intransigente y terca contra el idealismo entonces reinante. Especialmente fatal fue su confrontación con Hegel. La primera controversia acre tuvo lugar durante la *Disputatio* al final de la Lección-examen el 23 de marzo de 1820 ante el claustro en pleno de la Facultad berlinesa. Más tarde, el joven *Privatdozent* colocó su curso a la misma hora en que Hegel daba sus clases magistrales, con el resultado de que apenas tuvo asistentes y debió suspenderlo al poco tiempo. Ello lo decidió a abandonar definitivamente su carrera académica. Bajo el título de «Sobre la filosofía universitaria» habría de publicar luego, en el capítulo correspondiente de *Parerga y Paralipomena* (1851), su amargo ajuste de cuentas.

6. Alusión al proceso judicial que emprendió en su contra su vecina, una cierta Caroline Marquet. A raíz de una discusión en la puerta de su apartamento, donde la dama conversaba en voz alta con sus comadres, interrumpiendo al filósofo en sus pensamientos –o, como otros biógrafos menos benévolos sugieren: en alguno de sus discretos encuentros con Caroline Medon– se llegó a las manos, con el resultado de que Schopenhauer la hirió. Tras un largo proceso, que se extendió durante cerca de un lustro, Schopenhauer fue condenado a pagarle una renta vitalicia por «injuria comprobada». Cuando ella murió, él cerró el capítulo con la siguiente expresión: *«Obit anus, abit onus»*, o sea: «Muerta la vieja, se acabó la carga».
7. La anécdota es relatada por los discípulos Julius Frauenstädt y Robert von Hornstein (Schopenhauer, *Gespräche,* pp. 96, 216).
8. Cf. Chamfort, *Produits de la civilisation perfectionnée. Maximes et pensées, caractères et anecdotes,* ed. de Jean Dagen, París: Garnier-Flammarion, 1968, cap. 1, Nr. 38.
9. Era la palabra final del actor en la antigua comedia. Cf. Cicerón, *De senectute,* 19; Horacio, *Ars poetica,* 135. Suetonio, en *Augustus,* 99, 1, pone la palabra en boca de un Augusto moribundo.
10. Sentencia que probablemente el propio Schopenhauer escribió en latín.
11. Cf. Marco Aurelio, *Tà eis heautón,* XI, 13.
12. Cf. Chamfort, *Produits de la civilisation perfectionnée,* cap. II, Nr. 116: *«L'Écriture a dit que le commencement de la sagesse était la crainte de Dieu; moi, je crois que c'est la crainte des hommes»* («Las Escrituras dicen que el comienzo de la sabiduría es el temor a Dios; yo creo en cambio que consiste en el temor a los hombres»). Schopenhauer utiliza la cita también en el Prefacio a la primera edición de *Die beiden Grundprobleme der Ethik [Los dos problemas fundamentales de la ética]* (1841).
13. Sentencia de Bías, uno de los Siete Sabios (cf. Diógenes Laercio, I, 5, 87; Estobeo, III, 1, 172). Schopenhauer la descubrió en una inscripción bajo el busto de Bías en el Vaticano (cf. *Der handschriftliche Nachlaß,* vol. III, p. 9), y la cita a menudo en los papeles de su legado y en sus cartas (por ejemplo, a Osann el 25 de mayo de 1822, y a Frauenstädt el 22 de junio de 1854); cf. A. Schopenhauer, *Gesammelte Briefe,* pp. 86-87, 346.
14. Giacomo Leopardi, *Pensieri,* XXIX, en la edición utilizada por Schopenhauer: *Opere,* ed. de Antonio Ranieri, 2 vols., Florencia: Le Monnier, 1845, vol. 2, p. 128.
15. *Op. cit.,* p. 107.
16. Schopenhauer utiliza la palabra «Weltklugheit» [literalmente: sabiduría mundana *(N. del T.)*] para traducir (en 1829) el término «prudencia» del *Oráculo manual y arte de prudencia,* de Baltasar Gracián.
17. Ambos párrafos son utilizados en *Parerga und Paralipomena,* vol. I, p. 493.
18. Expresión de Baltasar Gracián, citada en castellano por Schopenhauer; cf. *Parerga und Paralipomena,* vol. II, p. 86.

19. Cf. Plauto, *Asinaria*, II, v. 495: *lupus est homo homini, non homo, quom qualis sit non novit* [«Un lobo es el hombre para el hombre; y no es un hombre, si no sabe cómo es éste»]; cf. también Plinio, *Historia naturalis*, VII, 1; Séneca, *Epistulae*, 103, 1.
20. Neologismo de Schopenhauer.
21. Cf. Giordano Bruno, *Opere*, ed. de A. Wagner, Leipzig: Weidmann, 1830, vol. II, p. 408.
22. Christian Ewald von Kleist, *Sehnsucht nach Ruhe*, v. 120, en *Sämtliche Werke*, Karlsruhe: Schmieder, 1776, 1.ª parte, p. 102.
23. En su ejemplar personal Schopenhauer había subrayado este pasaje, en: Francesco Petrarca, *De vita solitaria*, Berna: Joannes le Preux, 1605, p. 14.
24. Cf. *Spicilegia* (1839), p. 145, en: *Der handschriftliche Nachlaß*, vol IV/1, p. 257.
25. Cf. Goethe, *Hypochonder,* en: *Werke. Hamburger Ausgabe, cit.,* vol. I, p. 133:

> *Der Teufel hol' das Menschengeschlecht!*
> *Man möchte rasend werden!*
> *Da Nehm ich mir so eifrig vor:*
> *Will Niemand weiter sehen*
> *Und all das Volk Gott und sich selbst*
> *Und dem Teufel überlassen!*
> *Und kaum seh ich ein Menschengesicht,*
> *So hab' ich's wieder lieb.*

[«¡Al diablo con el género humano!
¡Es como para enfurecerse!
De ahí que a veces desee con todas mis fuerzas
no ver a nadie más,
y dejar que la gente se las arregle sola,
o encomendarla a Dios o al demonio.
Pero no bien percibo un rostro humano,
me enternezco de nuevo.»]
26. En su grafía antigua, con el sentido de «prescindir de» (*N. del T.*).
27. En el *Oráculo manual y arte de prudencia*, que Schopenhauer tradujo al alemán. Cf. *Der handschrifliche Nachlaß*, vol. IV/2, p. 264.
28. En los «Suplementos» a *El mundo como voluntad y representación*, libro I, cap. 15, Schopenhauer cita completo el pasaje de Byron:

> *To feel me in the solitude of kings,*
> *Without the power that makes them bear a crown.*

[«Sentirme en la soledad de los reyes,
sin el poder que los hace llevar una corona»
Byron, *Prophecy of Dante*, I, v. 166]

29. Schopenhauer había destacado el pasaje en su ejemplar de la obra: Francis Bacon, *The Essays, or Council, Civil and Moral*, Londres: H. Clark, 1718, p. 17.
30. El propio Schopenhauer había formulado la máxima directamente en inglés, en una carta a David Asher de 4 de noviembre de 1858: *To marry or not, is the question: Question?!! I'll give you a sound maxim of my own making, though it's in English:*
Matrimony = war and want!
Single blessedness = peace and plenty.
Stick to that. This, by the bye, is an Alliteration; the Germans call it a Staffrime. But what's that to us? (A. Schopenhauer, *Gesammelte Briefe*, p. 438).
31. En el ejemplar de Schopenhauer el pasaje está subrayado con lápiz: F. Petrarca, *De vita solitaria, cit.*, p. 142.
32. Cf. *Parerga und Paralipomena*, vol. II, p. 87, nota: «Hace unos cuarenta años acaricié la idea de mandar a hacer una caja de tabaco en cuya tapa estuvieran representados, a ser posible en mosaico, dos castaños, junto a una hoja que diera a entender que se trataba de castaños silvestres. Este símbolo debía recordarme continuamente aquel otro pensamiento {a saber: "las gentes aparentan ser personas; pero yo nunca he visto algo igual a una persona"}».
33. Cf. Tiruvalluver, *Der Kural. Ein gnomisches Gedicht über die drei Strebeziele des Menschen*, trad. y ed. de Karl Graul, Leipzig: Dörffling & Franke, 1856, p. 140. Schopenhauer cita el pasaje también en *Parerga und Paralipomena*, vol. II, pp. 87, 359.
34. Goethe, *Sprichwörtlich*, en: *Werke. Weimarer Ausgabe*, Reimpresión: Múnich: Deutscher Taschenbuch Verlag, 1987, vol. 2, p. 230.
35. De esta manera complementa Schopenhauer la cita de Chamfort.
36. *Parerga und Paralipomena*, vol. I, p. 218.
37. Retomado en *Parerga und Paralipomena*, vol. I, p. 451.
38. Cf. Goethe, *Das Märchen*, en: *Werke. Hamburger Ausgabe, cit.*, vol. VI, p. 215: No bien la serpiente había vislumbrado aquel rostro venerable, el rey comenzó a hablar y preguntó: «¿De dónde vienes?». «De las grutas –replicó la serpiente–, donde mora el oro». «Y ¿qué es más espléndido que el oro?», preguntó el rey. «La luz», respondió la serpiente. «Y ¿qué es más vigorizante que la luz?», preguntó aquél. «La conversación», respondió ésta.
39. La comparación es desarrollada en *Spicilegia* (1842), p. 289, en: *Der handschriftliche Nachlaß*, vol. IV/1, p. 289.
40. Cf. San Agustín, *De spiritu et littera*, 14, según la antigua doctrina: *simile simili cognoscitur* [lo igual se reconoce gracias a lo igual]. Ésta se halla ya en Homero *(Odisea*, XVII, 218) y Empédocles (Fr. 109, Diels-Kranz), como Schopenhauer no deja de anotar en otros textos.

41. «El hombre de naturaleza noble... otro tipo de relaciones» Cf. *Parerga und Paralipomena,* vol I, p. 488.
42. Glosa de un pasaje tomado de *Goethes Briefe an Frau von Stein: aus den Jahren 1776 bis 1826,* ed. de Adolf Scholl, Weimar: Verlag des Landes-Industrie-Comptoirs, 1848-1851, vol. I, p. 169.
43. Algo parecido escribe Schopenhauer en un bosquejo para el Prefacio de la tercera edición de *El mundo como voluntad y representación: Si quis toto die currens pervenit ad vesperum satis est.* «[Alguien que llega a la noche habiendo corrido todo el día se siente satisfecho]. Pues bien, ya está concluido; el atardecer de mi vida será el amanecer de mi fama.» *(Senilia,* p. 84 del manuscrito original, 1856).
44. Cf. *Tusculanae disputationes,* V, 36; *Epistulae ad familiares,* V, 13, 1, 7.
45. Vino húngaro. *(N. del T.)*
46. Citado según el sentido. La frase literal en Shenstone es: *Liberty is a more invigorating cordial than tokay.*
47. Subrayado en el ejemplar personal de Schopenhauer.
48. Schopenhauer transcribe este término en su grafía antigua, correspondiente al «bocea» de hoy. *(N. del T.)*
49. Goethe, *Égalité,* en: *Werke. Hamburger Ausgabe, cit.,* vol. I, p. 331.
50. Cita, abreviada, de Giordano Bruno, *Opere, cit.,* vol. I, pp. 198-199. El pasaje se encuentra subrayado en el ejemplar de Schopenhauer.
51. Probablemente tomado de: *A Free Discussion of the Doctrine of Materialism, and Philosophical Necessity, in a Correspondence between Doctor Price, and Doctor Priestley,* Londres: J. Johnson y T. Cadell, 1778.
52. En: Johann Heinrich Merk, *Ausgewählte Schriften zur schönen Literatur und Kunst,* ed. de Adolf Stahr, Oldenburg: Schulzesche Buchhandlung, 1840, p. 157.
53. Probablemente de: Friedrich Maximilian Klinger, *Der Weltmann und der Dichter,* Leipzig: Hartknoch, 1798. Schopenhauer poseía un ejemplar de esta obra, que sin embargo se perdió.
54. Schopenhauer también menciona este escrito en *Parerga und Paralipomena,* vol. I, p. 102.

Fuentes

1. Grisebach Nr. I; Hübscher Nr. 4. Hacia 1822.
2. Grisebach Nr. XXX; Hübscher Nr. 3. Hacia 1822.
3. Grisebach Nr. III; Hübscher Nr. 5. Hacia 1822.
4. Grisebach Nr. XI; Hübscher Nr. 6. Hacia 1822.
5. Grisebach Nr. XXIX; Hübscher Nr. 7. Hacia 1822.
6. Grisebach Nr. VI; Hübscher Nr. 1. Hacia 1821-1822, probablemente antes del segundo viaje a Italia, comenzado el 27 de mayo. Cf. la carta a Osann del 20 de abril de 1822 (A. Schopenhauer, *Gesammelte Briefe,* p. 82).
7. Hübscher Nr. 2. Hacia 1821-1822.
8. Grisebach Nr. X; Hübscher Nr. 8. Hacia 1822-1823.
9. Grisebach Nr. IX; Hübscher Nr. 9. Hacia 1823.
10. Grisebach p. 148; Hübscher Nr. 10.
11. Grisebach Nr. IV; Hübscher Nr. 11.
12. Grisebach Nr. V; Hübscher Nr. 12. Después de 1825.
13. Grisebach Nr. XIX; Hübscher Nr. 13. Hacia 1826.
14. Hübscher, 14. Hacia 1828.
15. Grisebach Nr. XVIII; Hübscher Nr. 15. Después de 1829.
16. Hübscher Nr. 16. Después de 1829.

17. Grisebach Nrs. XX-XXI; Hübscher Nr. 17. Después de 1829.
18. Grisebach Nr. VII; Hübscher Nr. 18. Después de 1831.
19. Grisebach Nr. XXVII; Hübscher Nr. 19. Después de 1830.
20. Grisebach Nrs. XV-XVI; Hübscher Nr. 20.
21. Grisebach pp. 147-148; Hübscher Nr. 21.
22. Grisebach Nr. XXVIII; Hübscher Nr. 22. Hacia 1831.
23. Hübscher Nr. 23.
24. Grisebach p. 147, nota 66; Hübscher Nr. 24. Hacia 1831.
25. Grisebach Nr. XII; Hübscher Nr. 25. Hacia 1831.
26. Grisebach Nr. XIII; Hübscher Nr. 26. Hacia 1831.
27. Grisebach Nr. XIV; Hübscher Nr. 27.
28. Grisebach pp. 164-165; Hübscher Nr. 28. Hacia 1833.
29. Grisebach Nr. XXIV-XXV; Hübscher Nr. 29. Después de 1836.
30. Grisebach Nr. II; Hübscher Nr. 30. Después de 1840.
31. Hübscher Nr. 31. Después de 1840.
32. Grisebach Nr. VIII; Hübscher Nr. 32. Después de 1840.
33. Grisebach Nr. XXIII y XXII; Hübscher Nr. 33. Hacia 1844.
34. Grisebach p. 149 y Nr. XXVI; Hübscher Nr. 34. Hacia 1850.
35. Grisebach Nr. XVII; Hübscher Nr. 35. Hacia 1852.
36. Grisebach p. 168, Nota; Hübscher Nr. 36. Hacia 1855.
37. Grisebach XXXI; Hübscher Nr. 37.
38. Grisebach p. 162, Nota; Hübscher Nr. 38.

Ediciones de Schopenhauer utilizadas

Edita et Inedita Schopenhaueriana, ed. de Eduard Grisebach, Leipzig: Brockhaus, 1888.
Schopenhauer's Gespräche und Selbstgespräche, ed. de Eduard Grisebach, Berlín: Ernst Hofmann & Co., 1898; segunda edición revisada, 1902.
Arthur Schopenhauers handschriflicher Nachlaß, ed. de Eduard Grisebach, 4 vols., Leipzig: Reclam, 1891-1893 (2.ª ed., 1895-1902; 3.ª ed., 1926-1931).
Sämtliche Werke, ed. de Paul Deussen, 13 vols., Múnich: Piper, 1911-1942.
Sämtliche Werke, ed. de Arthur Hübscher, 7 vols., 3.ª ed., Wiesbaden: Brockhaus, 1972; 4.ª ed. revisada por Angelika Hübscher, Mannheim: Brockhaus, 1988. Las citas de las obras publicadas en vida proceden sobre todo de esta edición, en especial de los vols. II-III (*Die Welt als Wille und Vorstellung*) y V-VI (*Parerga und Paralipomena*).
Der handschriftliche Nachlaß, ed. de Arthur Hübscher, 5 vols., Fráncfort del Meno: Kramer, 1966-1975; reimpr. Múnich: Deutscher Taschenbuch Verlag, 1985.

Gespräche, ed. de Arthur Hübscher, Stuttgart/ Bad Cannstatt: Frommann-Holzboog, 1971.

Gesammelte Briefe, ed. de Arthur Hübscher, Bonn: Bouvier, 1978.

Werke in fünf Bänden, ed. de Ludger Lütkehaus, Zúrich: Haffmans, 1988.

Die Schopenhauers. Der Familien-Briefwechsel von Adele, Arthur, Heinrich Floris und Johanna Schopenhauer, ed. de Ludger Lütkehaus, Zúrich: Haffmans, 1991.